Práticas de alfabetização na Educação de Jovens e Adultos

Dados Internacionais de Catalogação na Publicação (CIP)
(Câmara Brasileira do Livro, SP, Brasil)

Rocha, Raquel
    Práticas de alfabetização na educação de jovens e adultos / Raquel Rocha, Solange Gois. — 1. ed. — São Paulo : Cortez, 2013.

Bibliografia.
ISBN 978-85-249-2053-0

1. Alfabetização 2. Alfabetização (Educação de adultos) 3. Educação de Jovens e Adultos 4. Professores - Formação I. Gois, Solange. II. Título.

13-06226   CDD-374.0124

Índices para catálogo sistemático:

1. Alfabetização : Educação de jovens e adultos   374.0124

RAQUEL DA SILVA ROCHA • SOLANGE GOIS DE SOUZA

Práticas de alfabetização na Educação de Jovens e Adultos

1ª edição
2013

PRÁTICAS DE ALFABETIZAÇÃO NA EDUCAÇÃO DE JOVENS E ADULTOS
Raquel da Silva Rocha • Solange Gois de Souza

Capa: de Sign Arte Visual
Ilustração do miolo: Felipe N. Pontes
Preparação de originais: Solange Martins
Revisão: Maria de Lourdes de Almeida
Composição: Linea Editora Ltda.
Coordenação editorial: Danilo A. Q. Morales
Colaboração: Angela Danielle M. R. Silva

Nenhuma parte desta obra pode ser reproduzida ou duplicada
sem autorização expressa das autoras e do editor.

© 2013 by Autoras

Direitos para esta edição
CORTEZ EDITORA
Rua Monte Alegre, 1074 – Perdizes
05014-001 – São Paulo – SP
Tel. (11) 3864 0111   Fax: (11) 3864 4290
E-mail: cortez@cortezeditora.com.br
www.cortezeditora.com.br

Impresso no Brasil – setembro de 2013

Agradeço a Deus pela vida.

A meus irmãos e amigos por acreditarem antes do que eu no meu potencial para este livro.

Ao IBEAC, por ter me permitido vivenciar experiências na Educação de Jovens e Adultos, pela confiança e pela oportunidade de transformar essas experiências em livro.

A minha mestra em Educação Popular, Maria Peregrina de Fátima Rotta Furlanetti, amiga, educadora, orientadora que acreditou no meu potencial desde o primeiro ano de graduação.

Aos meus pais, José e Iraci, nordestinos guerreiros, que me ligaram à Educação de Jovens e Adultos e são meus maiores educadores.

Raquel da Silva Rocha

"...E a felicidade, mesmo que sonhada, tem um poder Mágico: transforma as pessoas"
RUBEM ALVES

Dedico este livro às pessoas que, de forma mágica, sonharam comigo e transformaram este sonho em realidade.

Aos meus pais, que alimentaram meus sonhos, a meu marido pela dedicação e paciência, a meus irmãos que dão sentido à fraternidade, aos amigos pelas partilhas, aos sobrinhos pelos deliciosos momentos de aprendizado, ao IBEAC que compreendeu minha trajetória e motivou este trabalho.

Ao José Luiz Gaeta Paixão, a Cleide Betti Maffei e ao Luciano Rua pelo incentivo, apoio e confiança.

Solange Gois de Souza

Dedicamos este livro a todos os educadores de
Jovens e Adultos que, assim com nós, acreditam
que educação é um direito.

SUMÁRIO

Prefácio
Sérgio Haddad 9

Apresentação
Maria Lucia Carvalho da Silva 13

Introdução 17

Capítulo I ■ Sala de aula hipotética 21
Sala de aula hipotética 22
A sala de aula 24
Primeira reunião pedagógica 26
Construindo um ambiente alfabetizador 27
Construindo a rotina 33
Leitura na alfabetização 34
Conhecendo os educandos 36
Aprendendo a trabalhar com a diversidade 42

**Capítulo II ■ A importância dos textos e do tema gerador
na alfabetização** 49
Tema I – Trabalho 53
Tema II – Festivas populares 73
Sequência de atividades – Tempo 116

Bibliografia 125

PREFÁCIO

O tema do analfabetismo e da baixa escolaridade da população jovem e adulta é recorrente na história do Brasil. Mesmo nos momentos de maior crescimento econômico a perspectiva de construir um sistema educacional público que ofertasse uma escola de qualidade para todas as pessoas esteve muito distante. Na América Latina, outros países com muito menos poder econômico encontrou formas de estender a educação escolar para toda a sua população. No mundo, ainda estamos em 88º lugar entre 127 países avaliados pela UNESCO.

Ao que se deve essa dissintonia entre o poder econômico e a desatenção a um dos direitos sociais mais importantes para qualquer país, principalmente do pondo de vista da sua cidadania?

Muitas podem ser as respostas e, tradicionalmente, a mais recorrente é a falta de recursos. Outras buscam na história do nosso país e no legado da escravatura o atraso social que levou o poder público a só recentemente se preocupar com essa dimensão social. Há ainda aqueles que buscam explicações em um etapismo necessário no processo de atendimento da escolarização, inicialmente com ênfase no acesso para depois cuidar da qualidade. Outros justificam que a deterioração da qualidade do serviço público, que era bom 30 anos atrás, ocorreu em decorrência da democratização do acesso e a entrada dos mais pobres no sistema de ensino. Mais recentemente as explicações recaem sobre a pouca qualificação do professorado.

São muitas as explicações para essa violação de um direito humano fundamental, mas sejam elas quais forem, a grande verdade é que as elites políticas, sociais e econômicas do Brasil muito pouco fizeram para transformar as várias fases históricas de crescimento econômico na implementação de direitos sociais que atendessem a todas as pessoas independente da sua origem social.

O Brasil, uma das maiores economias do mundo, é também, ao mesmo tempo, um dos países com maior índice de desigualdade social. Proclamado por ser uma sociedade miscigenada, pacífica, sem conflitos sociais, dono de enormes riquezas naturais, é o país da felicidade, do futebol, de praias naturais e do carnaval aos olhos dos mais desavisados. Mas a verdade é que esta mesma sociedade esconde o seu racismo, seu machismo e o seu preconceito com os mais pobres, ao mesmo tempo em que vem condenando ao atraso populações tradicionais como os indígenas, camponeses e quilombolas, e destruindo seus bens naturais, colocando em risco o futuro da sua população.

São essas condições particulares que impedem amplos setores da população ascenderem aos benefícios econômicos e sociais que ajudaram a construir com seu trabalho. Apenas uma parcela pequena da sociedade usufrui da riqueza produzida, mantendo por séculos essa vergonhosa desigualdade. Só isso pode explicar o porquê da manutenção de taxas tão elevadas de analfabetismo e índices de escolarização tão baixos para a população brasileira.

Apesar da cobertura de escola pública atender noventa por cento da população no ensino fundamental e médio, seus elevados índices de reprovação e evasão apontam para um ensino de precária qualidade, com médias baixas de escolarização, produzindo um enorme contingente de jovens e adultos que não completaram sua educação básica.

Houve melhoria neste quadro ao longo das últimas décadas? Claro que houve, pusemos mais crianças nas escolas, ampliamos o sistema de atendimento, criamos mecanismos de inserção dos mais pobres, mas seu ritmo não condiz com o desejo da população em se tornar uma sociedade democrática, justa socialmente e sustentável sob o ponto de vista dos seus bens naturais e da preservação da sua biodiversidade. Ainda não universalizamos o atendimento da educação infantil, estamos muito longe de atender a todos os jovens no ensino médio e o ensino superior público ainda é predominantemente elitista.

É neste contexto de desresponsabilização do poder público pelos direitos educacionais que entram as organizações da sociedade civil sem fins lucrativos e com vocação cidadã para atender aquilo que o poder público não vem cumprindo, apesar de constar em lei e ser exigência da maioria da população. São inúmeras as pessoas envolvidas nessa tarefa e são inúmeras as suas práticas. Alfabetização de jovens e adultos é uma delas.

A sociedade se move por motivações diversas. Grupos podem se dedicar ao ato de educar por razões humanitárias ou assistenciais, outras por razões de justiça social, outras ainda por missão cidadã e vocação política. Todas fazem parte da sua dinâmica e da forma como as pessoas olham, vivenciam e interpretam a realidade brasileira.

Podemos fazer uma educação despolitizada, mas também podemos fazer uma educação que ajude a construir sociedades mais justas, comprometendo-se, educadores e educandos, em uma tarefa comum de ensinar e aprender. Esse é o grande desafio que está nas mãos de inúmeras pessoas e entidades da sociedade civil que foram a campo com a tarefa de resgatar direitos, ao mesmo tempo em que fazem isso de maneira comprometida com um futuro comum, reconhecendo no outro um parceiro nessa tarefa.

A experiência do IBEAC se insere nesta perspectiva: promover cidadania através de práticas educadoras. Realizar, por meio da alfabetização, um exercício de empoderamento de pessoas, educadores e educandos, porque aprendem e ensinam cooperativamente, com os pés na realidade, valorizando sua cultura, mas abrindo-se ao mesmo tempo para outras experiências.

Educar para aprender a ler, escrever e contar o mundo, como nos ensinou Paulo Freire, não como uma experiência neutra, mas como uma aventura coletiva em que as palavras e os números servem para ler e interpretar a realidade visando a atender necessidades individuais e coletivas. O diálogo é a essência do método. Reconhecer no outro uma pessoa com história própria que experimentou o mundo na sua condição de jovem e adulto, com suas características pessoais de cor, raça, gênero ou qualquer outra característica dessa diversidade que a faz única e ao mesmo tempo pertencente a um grupo com necessidades e lutas comuns.

Este livro conta uma parte da experiência do IBEAC com alfabetização de jovens e adultos nessa perspectiva crítica. É produto da sua atuação de vários anos com setores pobres da população. Não é única, mas é própria, e comum a muitas outras experiências de aprender e ensinar de organizações da sociedade civil. Seu valor está na vontade de socializar o que foi feito como uma produção coletiva, por ter sido realizado com compromisso e seriedade, para que se possa, a partir desse registro, ser mais um elemento de troca nesta permanente tarefa de fazer história sem separar o educativo do político.

Sérgio Haddad

APRESENTAÇÃO

Um pouco de história é sempre importante para se compreender o sentido maior deste livro que guarda sua origem na constituição do "Instituto Brasileiro de Estudos e Apoio Comunitário Queiroz Filho" (IBEAC) em 11 de junho de 1981, em São Paulo, sob a liderança de André Franco Montoro, educador e político dos mais relevantes nas lutas e consolidação da democracia brasileira.

Dentre seus objetivos, o IBEAC visa, principalmente, contribuir para o desenvolvimento e aperfeiçoamento do processo democrático, construção e fortalecimento da cidadania, da participação social e comunitária e promoção de direitos humanos.

Neste escopo, nos seus trinta e dois anos de atuação, o IBEAC foi sempre uma organização pioneira, buscando abrir, pelo conhecimento e ações concretas, possibilidades de formação e engajamento sociopolítico, com vistas à transformação da realidade social de um Brasil e de um mundo com mais justiça, igualdade e solidariedade.

Franco Montoro costumava afirmar que não há democracia sem educação e cultura, e que era um direito primordial de todos os brasileiros, o direito à alfabetização. Daí a necessidade e o desafio de enfrentar e vencer o analfabetismo, chaga ainda terrível em nosso país.

A partir de 1993, o IBEAC definiu, então, que sua linha de frente seria a efetivação de um movimento de alfabetização e escolarização de jovens e adultos que não tiveram acesso a esse direito básico.

Após a construção de uma proposta metodológica, intensa e interdisciplinarmente debatida, referenciada nos princípios pedagógicos de Paulo Freire, no âmbito da educação popular e da participação da comunidade organizada em "Conselhos Comunitários de Educação, Cultura e Ação Social", bem como fundamentada nos ensinamentos de Emilia Ferreiro, deu-se sua experimentação exitosa em municípios e bairros da região metropolitana de São Paulo.

A continuidade dessa experiência tornou-se possível, inicialmente, com a celebração de um convênio do IBEAC com o Ministério da Educação (MEC) e, posteriormente, até o presente, com a Secretaria de Educação do Estado de São Paulo, por meio do "Programa de Alfabetização e Inclusão", mediante ações de Ensino Básico, da 1ª a 4ª séries do Nível Fundamental, a jovens, adultos e idosos.

Nesse convênio, cabe ao IBEAC, coordenação e acompanhamento pedagógico e administrativo do Projeto, cadastramento dos educandos, formação continuada dos educadores e coordenadores dos Conselhos Comunitários, realização de seminários de estudo, elaboração de material didático, avaliação e replanejamento das ações, tendo em vista assegurar, no processo de alfabetização, que o educando seja o principal protagonista na construção de seu aprendizado.

Essa longa e madura vivência do EJA pelo IBEAC propiciou seu reconhecimento nacional e internacional, expresso, notadamente, por uma significativa premiação da Unesco.

Com esse estímulo, a diretoria do IBEAC propôs à Cortez Editora uma parceria para a publicação de uma contribuição didática sobre aspectos teórico-práticos do processo de alfabetização de jovens, adultos e idosos, buscando, assim, registrar e socializar suas reflexões e conhecimentos acumulados.

Desse modo, as coordenadoras pedagógicas do EJA no IBEAC, Raquel da Silva Rocha e Solange Gois de Souza, assumiram com todo entusiasmo, competência e empenho essa desafiadora tarefa de elaborar este livro/diálogo com os educadores, fruto de um persistente percurso coletivo e participativo, em que Estado e sociedade civil, democraticamente, se relacionam para a efetivação do direito social à educação.

O IBEAC, assim, aspira que este livro reforce a todos os educadores e educandos os significados mais amplos e profundos de um "um outro mundo é possível", "uma outra educação é possível", ou seja, uma série aventura de aprender e ensinar, inovadora, criadora e crítica, que começa com a cruzada/compromisso pela superação do analfabetismo em suas diferentes formas, e avance a um desenvolvimento crescentemente equânime de toda a sociedade brasileira.

Vamos agora aceitar o convite instigante de Raquel e Solange e entrarmos juntos com elas em sala de aula?

Maria Lucia Carvalho da Silva

Presidente do IBEAC
São Paulo, abril de 2013

INTRODUÇÃO

A educação de jovens e adultos (EJA) no Brasil, durante muitos anos ocorreu à margem dos processos formais de ensino. Contando com a solidariedade de pessoas que por saberem ler e escrever repassavam esses ensinamentos aos jovens e adultos não alfabetizados. A EJA no contexto nacional esteve implantada dentro de programas com prazo determinado para realização sempre na dependência da vontade política dos governos vigentes.

Os voluntários desses programas educativos são escolhidos pelas comunidades onde estavam inseridos, e nem sempre apresentam formação específica para atuarem na alfabetização de jovens e adultos. Tendo em vista esse cenário, os programas de alfabetização para jovens e adultos, se organizam de forma a oferecer cursos de formação inicial e continuada para esses "voluntários" chamados por nós de educadores populares.

Ao escrever sobre "práticas de alfabetização na educação de jovens e adultos" estamos falando de "educação popular", educação esta que tem como referência os fazeres, conhecimentos e experiências de pessoas e comunidades cujos saberes são desprestigiados pelo ensino formal, por ser um saber da experiência ainda não sistematizado. Partimos de tudo aquilo que é significativo para essas pessoas e através de reflexões buscamos junto a eles construir novos conhecimentos no processo de alfabetização.

No IBEAC — Instituto Brasileiro de Estudos e Apoio Comunitário, entidade em que trabalhamos a formação de coordenadores e educadores de jovens e adultos, o processo foi longo e continuará seu percurso para além deste livro.

Vale lembrar que as ideias que aqui apresentamos não nasceram prontas, elas são fruto de erros e acertos de inúmeros processos de formação de educadores de jovens e adultos.

Focamos nossos esforços na formação de educadores populares subsidiando-os no trabalho com alfabetização e durante estes anos produzimos materiais para fortalecer as ações destes educadores. No entanto, sentíamos que faltava alguma coisa, pois ano após ano os educadores retomavam assuntos que já julgávamos atendidos. Acreditávamos que a constante rotatividade entre os educadores era a resposta para tantas demandas recorrentes.

A partir de uma acompanhamento sistemático, onde observamos o cotidiano de nossas salas de alfabetização, começamos a perceber que as dificuldades dos educadores estavam nas práticas de alfabetização, que se expressavam nas salas de aula e não nos encontros de formação. Apesar de receberem uma formação contínua e atualizada, quando retornavam para suas salas de alfabetização esses educadores não conseguiam lidar com tantas informações e uma realidade tão heterogênea.

Sem dúvida, a didática adotada na condução das formações para coordenadores e educadores de jovens e adultos partia de um contexto com exclusivo embasamento teórico e não contemplava as reais necessidades práticas dos educadores. A linguagem utilizada nas formações, por si só, já representava um obstáculo para a compreensão do universo onde esses educadores estavam inseridos e suas dificuldades diárias no fazer pedagógico.

Mudamos o formato de nossos cursos, sem perder a fundamentação teórica, mas dando uma pitada prática aos cursos de formação. Como bem diz Mario Sergio Cortella, "qual é o problema da receita, se o bolo for bom"? Essa frase traduz um pouco a conclusão a que chegamos. Nossos educadores precisavam de referências práticas, assim como de vivências de práticas de alfabetização nos encontros de formação, para que enfim pudéssemos ver a inovação se concretizando nas salas de alfabetização.

E foi a partir dessas experiências acumuladas na formação de educadores alfabetizadores, no IBEAC e com outros grupos sociais, onde empregamos os princípios freireanos aliados às teorias de aquisição da leitura e escrita, que surgiu o convite para o nascimento deste livro.

Este livro não tem a intenção nem o compromisso de ser um marco teórico, pois não se propõe a isso. O compromisso que ele assume é o de tornar as palavras "Teoria" e "Prática" algo indissociável. Queremos com ele facilitar a comunicação com educadores leigos ou formados, tornando o processo de "ensinança" da leitura e escrita de jovens e adultos algo cheio de significado e sentido para o educador e para o educando. Além de somar esforços para a superação do analfabetismo no Brasil.

Para isso, faremos uso de uma sala de aula hipotética, favorecendo assim a visualização dos processos de ensino-aprendizagem e seus possíveis caminhos na educação de jovens e adultos.

As Autoras

Capítulo I

Sala de aula hipotética

Sala de aula hipotética

Para conhecer os processos de ensino-aprendizagem e seus possíveis caminhos na educação de jovens e adultos vamos criar uma sala de aula hipotética.

Apresentaremos uma educadora e seus educandos no dia a dia da alfabetização e os desafios encontrados por ela na busca de caminhos para despertar o interesse nos educandos, na promoção de atividades significativas, na reflexão do sujeito no seu processo de aprendizagem e transformação do mundo.

A sala de aula localiza-se na periferia da região metropolitana de São Paulo, numa Associação de bairro comprometida e atuante, que diagnosticou durante a entrega mensal de leite, um grande número de pessoas jovens e adultas que não conseguiam assinar o nome no recibo de entrega. As lideranças comunitárias diante dessa observação realizaram uma pesquisa com objetivo de levantar os moradores interessados em estudar ou dar continuidades aos estudos.

Identificou-se uma demanda para alfabetização. A Associação fez contato com uma Instituição especializada em alfabetização para pessoas jovens e adultas para saber da possibilidade de contar com o apoio para implantar na comunidade uma sala de alfabetização de adultos.

A Instituição esclareceu as características do trabalho por ela adotado, entre elas, que a sala deveria fazer parte de um dos Conselhos

Comunitários de Educação Cultura e Ação Social, parceiro da Instituição, assim o educador integraria um grupo, receberia formações específicas de EJA oferecidas por esta Instituição e receberia um acompanhamento através de visitas e orientações de uma coordenadora pedagógica.

Os líderes comunitários seguiram as orientações da Instituição e passaram a fazer parte de um Conselho Comunitário, cedendo uma de suas salas que, após pequenas reformas, tornou-se a sala de alfabetização para a comunidade.

Outra pesquisa foi realizada entre as lideranças comunitárias e moradores locais para a escolha de uma educadora que seria responsável pela sala de alfabetização. Em uma reunião indicaram Luzia Gouveia, de 34 anos, por sua disponibilidade, formação e experiência em educação, já que era formada no Magistério e professora efetiva na Escola Municipal de Educação Infantil da comunidade.

Luzia ficou lisonjeada com a indicação, mas ela tinha apenas experiência na Educação Infantil e sabia que os desafios do trabalho com jovens e adultos exigiriam uma metodologia voltada para esse público.

A sala de aula

A pequena sala tinha 25 carteiras e uma lousa média. Logo na primeira conversa com a coordenadora, Luzia soube que não poderia pregar ou colar cartazes nas paredes e que agora faria parte de um programa de uma Instituição especializada na EJA, por isso participará de grupo de formação, com reuniões mensais, e de reuniões pedagógicas, que acontecerão semanalmente.

SALAS DE ALFABETIZAÇÃO DE JOVENS E ADULTOS

Frequentemente a alfabetização de jovens e adultos em programas e projetos no Brasil acontece em locais improvisados em associações, igrejas, salões, garagens e outros espaços cedidos pela comunidade. É comum haver dificuldades com o tamanho da sala, falta de carteiras e cadeiras, pouca iluminação, falta de segurança, proibição de fixação de cartazes nas paredes, entre outros.

A coordenadora pedagógica trouxe dados coletados das fichas de matrícula dos educandos que revelaram alguns fatores que contribuíram para analfabetismo desse grupo:

OS EDUCANDOS NÃO FREQUENTARAM A ESCOLA OU INTERROMPERAM OS ESTUDOS POR:

- Ter que trabalhar desde muito cedo para ajudar na renda da família;
- Autoritarismo dos pais, maridos, filhos etc.
- Frequentes mudanças de residência;
- Ausência de escolas na região onde moravam;
- Dificuldades de aprendizagens;
- Sérios problemas de saúde na infância;
- Metodologias excludentes;
- Insucessos frequentes na escola.

Essas informações sobre os educandos ajudaram Luiza a compreender o que era importante ao planejar suas aulas. Luzia recebeu da coordenadora o "diário" da sala e o cronograma com as datas das reuniões de formação e pedagógicas.

IMPORTÂNCIA DA AUTOFORMAÇÃO E FORMAÇÃO CONTÍNUA

Estudar e aprofundar os conhecimentos é sempre necessário. Os cursos superiores e profissionalizantes oferecem as bases necessárias para o exercício profissional; no entanto, esses conhecimentos não são suficientes para os desafios encontrados em sala de aula. Como todo bom profissional, é importante refletir sobre sua prática diária e buscar outras formas de se aprimorar e tomar as melhores decisões. Aliando curiosidade, pesquisa e estudo, o educador alfabetizador amplia seus conhecimentos e aprimora suas práticas.

Primeira reunião pedagógica

Na primeira reunião pedagógica, Luzia conheceu os outros educadores que realizam o mesmo trabalho nas salas de EJA e recebeu algumas orientações importantes para melhorar a tarefa de educar de jovens e adultos.

ESPECIFICIDADES DA EJA

É importante considerar que os educandos jovens e adultos:
- Possuem muita experiência de vida;
- Possuem muitos conhecimentos;
- Apresentam medo de errar;
- Tiveram experiências malsucedidas no espaço escolar formal;
- Querem ler e escrever para resolver problemas de emprego ou realizarem algum sonho;
- Precisam de horários diferenciados, que se adaptem às suas necessidades;
- São acometidos por problemas de saúde, problemas familiares que muitas vezes os levam a faltarem muito às aulas.

As características apresentadas para a educadora mostrou a importância de valorizar o educando, seus saberes e sua história, para o sucesso da alfabetização. Luiza percebeu que precisava, desde o primeiro dia de aula, de um ambiente que estimulasse o comportamento leitor e escritor para alfabetizar estes jovens e adultos.

Construindo o ambiente alfabetizador

O QUE É AMBIENTE ALFABETIZADOR?

É um ambiente que desperta e estimula a curiosidade leitora e escritora dos educandos, auxiliando-os na compreensão da estrutura da língua e sua função social.

A exposição de materiais como: cartazes, listas, quadros, calendários, alfabetos, textos, músicas e poesias construirá o ambiente propício para que os educandos façam associações, busquem informações e ampliem seus conhecimentos, já que só se aprende ler lendo e só se aprende escrever escrevendo.

ACOLHIMENTO

Trabalharemos com jovens e adultos que, por diferentes motivos, estiveram por um longo período fora da sala de aula e protelaram por muito tempo o retorno aos estudos.

Se não se sentirem bem recebidos na sala de aula, não desejarão retornar. Dessa forma, é preciso desenvolver diariamente práticas de acolhimento para que os educandos sejam incentivados a participar das aulas e se sentir estimulados a retornar no próximo dia.

É importante que sejam criados espaços para que os educandos exponham suas opiniões sobre diversos assuntos. O educador deve encorajá-los a participar das discussões e buscar diferentes formas de resolver algumas questões.

Deve-se estimular o diálogo e a reflexão e valorizar a história e os saberes dos educandos para que estes se sintam fazendo parte de um grupo.

NA SALA DE AULA

Pensando nas orientações da reunião pedagógica, Luzia organizou a sala de aula e planejou algumas atividades para receber seus educandos na primeira aula.

Como não podia fixar nada nas paredes da sala, preparou um varal móvel para pendurar os cartazes durante a aula (toda aula eles serão pendurados no começo e retirados no final). Em um cartaz ela registrou todos os nomes de seus educandos (pegou os nomes nas fichas de matrícula). Em outro cartaz expôs as diferentes formas de escrever as letras do alfabeto (forma maiúscula, forma minúscula, cursiva maiúscula, cursiva minúscula).

Ela foi orientada que durante o processo de alfabetização de seus educandos a letra de forma maiúscula ou bastão será privilegiada, pois facilita a identificação e associação com as informações encontradas na sociedade.

> ### POR QUE UTILIZAR A LETRA BASTÃO NO PROCESSO INICIAL DE ALFABETIZAÇÃO?
>
> Porque ela está presente no cotidiano das pessoas, é usada em placas de propagandas, nos rótulos e embalagens de produtos, nos meios de comunicação (jornais, revistas) etc.
>
> A letra bastão facilita a percepção do início da letra e fim da letra, do início e fim da palavra. Por ter traçado simples, a letra bastão favorece a reflexão sobre quais e quantas letras são utilizadas para escrever determinadas palavras.

QUANDO VAMOS INICIAR COM A LETRA CURSIVA?

O educando anseia pela escrita com letra "de mão" e provavelmente perguntará sobre quando irá começar a escrever com letra cursiva. Acalme-o, informe que isso ocorrerá depois que ele adquirir a base alfabética, ou seja, já souber ler e escrever.

LETRAS FORMA MAIÚSCULAS OU BASTÃO

letras forma minúsculas

letras cursivas

ALFABETO

A a a a	**B b** B b	**C c** C c	**D d** D d
E e E e	**F f** F f	**G g** G g	
H h H h	**I i** I i	**J j** J j	
K k K k	**L l** L l	**M m** M m	

PRÁTICAS DE ALFABETIZAÇÃO NA EJA

LISTA COM O NOME DOS EDUCADORES

ANA LUCIA
ANTÔNIO
CLAUDIO
DAMIÃO
EDUARDO
ELENITA
ERINALDO
EVA
INÊS
IVONE
JAIR
JOÃO
JOCÉLIA
JOSÉ
MARCIA
MARIA APARECIDA
MARIA DAS GRAÇAS
MARIA DO CARMO
MARLENE
NEUZA
REGINALDO
RODRIGO
SARAH

Construindo a rotina

Luzia planejou algumas atividades e procedimentos que realizará diariamente com a turma desde as primeiras aulas.

> **O QUE É ROTINA?**
>
> São procedimentos e atividades realizados diariamente durante as aulas. Por exemplo: Leitura feita pelo educador, roda de conversa, leitura feita pelos educandos, atividades para exploração da língua escrita, produção de texto, projetos etc.

O QUE DEVEMOS CONTEMPLAR NA ROTINA?

- Leitura feita pelo Educador
- Atividades de reflexão sobre a construção da escrita e leitura
- Atividades envolvendo áreas do conhecimento como Matemática, História, Geografia, Biologia etc.
- Projetos

Leitura na alfabetização

Em todo planejamento semanal Luzia escolhe os textos das leituras que fará em cada aula.

POR QUE O EDUCADOR DEVE REALIZAR LEITURAS DIARIAMENTE?

Ao ler para o educando o educador põe seu grupo em contato com o mundo escrito. O prazer e as descobertas que os textos propiciam estimulam o interesse e o hábito pela leitura.

POR QUE O EDUCANDO DEVE REALIZAR LEITURA?

Porque eles já fazem isso em seu cotidiano. Apesar de muitos educandos ainda não realizarem a leitura convencional, diariamente lidam como informações escritas, como rótulos de produtos, placas de sinalização, outdoors, entre outros.

Atividades envolvendo leitura desde o início da alfabetização fortalecerão a busca dos educandos por descobrirem o que está escrito em todos os lugares. Os educandos terão a oportunidade de associar aquilo que estão aprendendo em sala de aula com aquilo que veem todos os dias em sua casa, no trabalho etc.

O QUE LER?

Contos, histórias, lendas, gibis, poesias, entrevistas, músicas, cantigas, notícias, reportagens, horóscopo, receitas, manuais, bulas de remédios, calendários etc. Relembrando, é importante trabalhar com as diferentes estruturas ou gêneros de textos para que os educandos possam conhecê-los e identificá-los.

Conhecendo os educandos

Luzia produziu crachás com os nomes dos educandos e os deixou em cima de sua mesa. Depois, organizou a sala em semicírculo e, conforme chegavam, a educadora pedia para que individualmente pegassem o crachá com seu respectivo nome e se sentassem. Ela ficava atenta a como os educandos observavam e manipulavam os crachás para encontrar seus nomes. Luzia auxiliava e orientava cada um nessa busca.

A IMPORTÂNCIA DO TRABALHO EM CÍRCULO OU SEMICÍRCULO

O trabalho em círculo ou em semicírculo possibilita que os educandos possam se enxergar, que se vejam como iguais e consigam se expressar com mais facilidade, estimulando assim as trocas de ideias e favorecendo a socialização e a sociabilidade.

O QUE A EDUCADORA LUZIA OBSERVOU DURANTE A PROCURA DO CRACHÁ?

- Quem já conhecia o nome;
- Quem tinha dificuldade com a escolha do crachá;
- O que os educandos já sabiam sobre a escrita.

ENCAMINHAMENTOS

Com alguns educandos em sala, Luzia se apresentou. Disse sua idade e que nunca havia atuado como educadora de jovens e adultos, mas já dá aula há alguns anos na educação infantil. E disse ter certeza que juntos irão desenvolver um ótimo trabalho.

Ao explicar sua forma de trabalhar, enfatizou a importância do diálogo e da participação de todos. Por isso que a sala geralmente estará organizada em círculo ou semicírculos. Isso favorece a interação do grupo e o diálogo. E é partindo dele que traçarão o percurso em busca de novos conhecimentos.

Somos seres que vivemos em relações sociais, e a construção do vínculo entre educador-educandos e educandos-educandos favorecerá as aprendizagens.

Informou que além dos diálogos diários, a leitura também fará parte do dia a dia do grupo o que, na maioria das vezes, irá alimentar as discussões, lembrando que o educador não é o detentor do saber, pelo contrário, o educador está lado a lado do educando, investigando e aprendendo com ele.

Assim Luzia começa a despertar nos educandos a ideia de coletividade, suscitando neles a sensação de pertencerem a um grupo que respeita, colabora e se responsabiliza não apenas pelo seu aprendizado, mas também pelo aprendizado dos colegas.

> ### COMO VALORIZAR OS SABERES DOS EDUCANDOS?
>
> Promovendo rodas de conversas, em que os educandos discutam e exponham seus conhecimentos sobre os temas que serão trabalhados. Com isso se promove a ampliação do conhecimento e da consciência crítica sobre os problemas sociais com base em suas experiências.
>
> Esses momentos são importantes para o educador tirar subsídios para o seu planejamento.

A educadora convidou os educandos para o primeiro momento de leitura entre eles:

O lugar dos livros

Sou Luzia uma paraibana que enfrenta a vida. Por isso estou com os meus colegas aprendendo a "lê com facilidade".

Quando dizem que a vida de analfabeto é difícil "tão" dizendo verdade. Olha o que aconteceu comigo.

Um dia consegui uma faxina na casa de um médico. Era uma faxina boa. Só um ônibus para "pega", a patroa era gente fina e o trabalho era "deixá" a biblioteca do doutor sem pó.

No primeiro dia, D. Teresa me ensinou tudo, direitinho. A gente precisava "tira" os livros, "pô" eles na mesa, "limpa" um por um e depois "deixa" na estante de novo. No primeiro dia, fiz tudo e fui embora.

Na outra semana, D. Teresa ficou me esperando. Foi dizendo que muitos livros ficaram virados de cabeça pra baixo, que isso não podia mais "acontece"...

Ela achava que eu era distraída. Mas o problema era outro.

Eu não sabia se o livro tava ou não de ponta cabeça porque não sabia mexer com as letras.

Não queria "perde" o trabalho. Comecei "abri" os livros, quando tinha alguma figura "tava" salva.

Mas tinha que "achá" um jeito pros outros casos. Depois de "olha" daqui e dali, matei a charada. Descobri que quase todas as páginas tinham números na parte de baixo ou no alto, e números eram meus conhecidos.

Se errei alguma vez, a D. Tereza não reclamou.

Hoje, que alívio, não preciso mais de truques!

Luzia Alves

"Historiando – livro do educador"
pág. 30. Seleção e Organização: Vera Barreto – Vereda/1995

Após a leitura a educadora realizou uma discussão com os educandos sobre quais foram as motivações que levaram a personagem principal do texto voltar a estudar.

Também perguntou quais foram as motivações de cada educando para voltar aos estudos. Cada um se apresentava mostrando o crachá e contava um pouquinho da sua história. Antes das apresentações, a educadora escreveu na lousa o nome da cidade, a data, o mês e o ano, seguido pelo seu nome e um espaço para que os educandos registrassem os nomes deles. Durante os relatos a educadora registrava as motivações dos educandos para aprender a ler e escrever, construindo uma lista.

POR QUE QUERO APRENDER A LER E ESCREVER?

PARA MANDAR CARTA PARA FAMÍLIA.

FAZER MAIS AMIGOS.

FALAR MELHOR COM AS PESSOAS.

ARRUMAR UM EMPREGO MELHOR.

LER TEXTOS RELIGIOSOS.

APRENDER A ASSINAR O NOME PARA RECEBER O PAGAMENTO.

TIRAR A CARTA DE MOTORISTA.

FAZER UM CURSO DE TÉCNICO OU FACULDADE.

Nem todos do grupo se sentiram à vontade para falar das suas motivações, porém essas informações foram suficientes para que a educadora motivasse os educandos para a construção dos combinados com o grupo.

LISTAS

Para que servem as listas? Elas podem nos auxiliar em tarefas simples, como lembrar o que precisamos comprar no supermercado, que ingredientes usaremos para preparar uma receita, que materiais usaremos para construir e organizar as atividades que serão desenvolvidas em sala de aula durante a semana, entre outros...

As listas possuem uma estrutura simples, o que possibilita o desenvolvimento de atividades que estimulam a reflexão sobre a escrita das palavras e sua ordem alfabética, mesmo para os educandos que estão no processo inicial de alfabetização.

COMBINADOS DO GRUPO

- Sabemos bastante, mas não sabemos tudo;
- Cada um tem um tempo e um ritmo;
- Estamos aqui por um motivo, então vamos nos comprometer em alcançar nossos objetivos juntos;
- Temos contratempos, mas vamos nos esforçar para chegar às 20 h.

Ao discutir sobre o que trouxe os educandos à sala de aula e ao construir os combinados juntamente com eles, Luzia não só conheceu melhor os educandos, como também valorizou os seus saberes, iniciando assim o processo de caracterização do grupo.

CARACTERIZAÇÃO DO GRUPO

São as informações pessoais, econômicas e sociais dos educandos. Essas informações são importantes para que o educador trace o perfil de seus educandos e faça seu planejamento de aula considerando essa realidade.

Para que sempre recordassem de suas motivações e dos combinados, Luzia produziu um cartaz e uma folha. No cartaz escreveu os combinados e o deixou exposto na sala. Na folha ela escreveu a lista com as motivações do grupo para ser fixada na primeira página de seus cadernos. Luzia já tem informações sobre o número de educandos e suas expectativas, com a discussão do texto ela conhece quais são as atividades que eles exercem e vai, assim, ampliando o processo de caracterização do seu grupo.

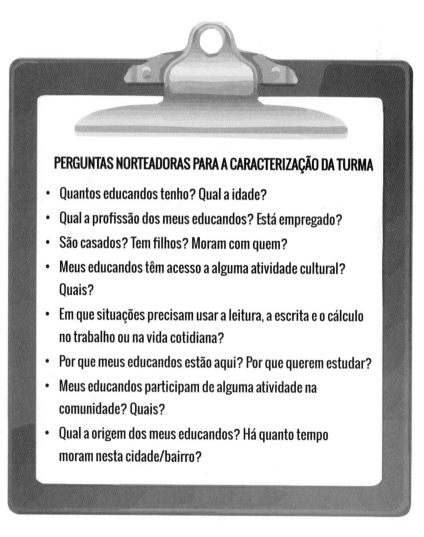

PERGUNTAS NORTEADORAS PARA A CARACTERIZAÇÃO DA TURMA

- Quantos educandos tenho? Qual a idade?
- Qual a profissão dos meus educandos? Está empregado?
- São casados? Tem filhos? Moram com quem?
- Meus educandos têm acesso a alguma atividade cultural? Quais?
- Em que situações precisam usar a leitura, a escrita e o cálculo no trabalho ou na vida cotidiana?
- Por que meus educandos estão aqui? Por que querem estudar?
- Meus educandos participam de alguma atividade na comunidade? Quais?
- Qual a origem dos meus educandos? Há quanto tempo moram nesta cidade/bairro?

Aprendendo a trabalhar com a diversidade

Luzia já sabia algumas das motivações pelas quais os seus educandos haviam retomado os estudos. Restava saber o que cada um sabia sobre a escrita.

A sondagem na sala de aula:

> **SONDAGEM**
>
> Sondagem é uma atividade diagnóstica para descobrir o que os educandos pensam e/ou sabem sobre o sistema de escrita. Deve ser realizada individualmente com cada educando para que o educador possa verificar quais são as hipóteses que cada um possui sobre a língua escrita.

Para fazer a sondagem com os educandos, Luzia fez a leitura de um texto.

"A canoa"

Em um largo rio, de difícil travessia, havia um
barqueiro que atravessava as pessoas de um
lado para o outro. Em uma das viagens, iam um
advogado e uma professora.
Como quem gosta de falar muito, o advogado
pergunta ao barqueiro:
"Companheiro, você entende de leis?"
"Não", respondeu o barqueiro.
E o advogado compadecido:
"É pena, você perdeu metade da vida".
A professora muito social entra na conversa:
"Seu barqueiro, você sabe ler e escrever?"
"Também não", respondeu o barqueiro.
"Que pena!", condói-se a mestra.
"Você perdeu metade de sua vida!"
Nisso, chega uma onda bastante forte e vira o barco.
O barqueiro, preocupado, pergunta:
"Vocês sabem nadar?"
"NÃO!", responderam eles rapidamente.
"Então, é uma pena", concluiu o barqueiro.
"Vocês perderam toda a vida."

Não há saber maior ou saber menor.
Há saberes diferentes.

Paulo Freire

Após a leitura do texto, Luzia refletiu junto aos educandos sobre seus saberes e a necessidade de desenvolver uma atividade na qual ela pudesse saber o que cada um conhecia sobre a escrita. Ela pediu para que todos ficassem calmos na hora do desenvolvimento da atividade, que não tivessem medo e escrevessem o que soubessem.

Luzia foi chamando um educando por vez, entregou uma folha de sulfite dividida ao meio e explicou a atividade que desenvolveria com cada educando.

COMO FAZER UMA SONDAGEM?

Realizar um ditado de uma lista com quatro palavras do mesmo tema. Dita-se inicialmente uma palavra com quatro sílabas, em seguida outra com três, uma com duas e por último uma palavra que contenha apenas uma sílaba e uma frase contendo uma das palavras ditadas abaixo. Os educandos devem escrever o que foi ditado assim como eles acreditam ser.

Ao término da escrita de cada palavra o educando deverá ler o que escreveu dessa forma o educador poderá perceber se este estabelece relação entre o falado e o escrito.

EXEMPLO:
ACEROLA
SAPOTI
PERA
NOZ
A FRUTA QUE MAIS GOSTO É SAPOTI.

O QUE REVELA A SONDAGEM?

Essa sondagem oferecerá as informações necessárias ao educador sobre como o educando pensa ser a escrita e o que ele já sabe sobre a escrita. Para isso o educador deverá observar atentamente os dados apresentados pelos educandos.

É importante destacar que a escrita deste jovem e adulto representa um processo de construção do pensamento sobre a escrita. O avanço do educando se dará através de atividades significativas que promovam desafios e reflexão aos educandos para que evoluam nesta construção.

Compreender o processo de construção de escrita de educandos jovens e adultos é um grande desafio para os educadores, dada a complexidade das diferentes fases que o indivíduo percorre para escrever convencionalmente. Cada etapa é marcada por características próprias e está associada ao tipo de estímulo e contato com a escrita vivenciado pelo educando.

Nesse sentido, tentaremos ilustrar essas fases, com base em nossas experiências e nossa interpretação de alguns estudos de Emilia Ferreiro e Ana Teberoski, que revelam como os indivíduos pensam a escrita e como se dão as mudanças de comportamento no processo de construção da língua escrita, embora esses estudos não tenham ocorrido com jovens e adultos.

Vale destacar que a explicação descrita no quadro a seguir não corresponde efetivamente aos estudos apresentados pelas autoras acima, visando, exclusivamente, explicar de forma simplificada cada fase.

O QUE SÃO AS FASES DA ESCRITA?

São os períodos por que os educandos passam durante aquisição da escrita. Esses períodos ou fases demonstram o que os indivíduos pensam sobre a escrita naquele momento, o que conseguem ou não perceber da língua escrita.

AS FASES DA ESCRITA DEMONSTRAM A FASE DE PENSAMENTO DO INDI- VÍDUO SOBRE A ESCRITA. VEJAMOS AS FASES:

FASE I - O educando não compreende que a escrita representa a fala. Escreve utilizando muitas letras e normalmente letras do próprio nome ou letras que decorou. No caso de jovens e adultos, dificilmente eles realizarão desenhos no lugar de letras, já que têm muito contato com informações escritas, como rótulos, cartazes etc. e sabem que estes se escrevem com letras.

Ao escrever:
PIPOCA - MRAITAXRM
Nesse caso, apresentaram uma quantidade de letras maior ou menor que o necessário para escrever a palavra ditada, sem equivalência sonora. Em geral, as letras que aparecem têm relação com as letras de seu nome.

FASE II - O educando passa a ter uma pequena noção de sílaba, atribuindo uma letra para cada sílaba ou pauta sonora. O educando possui a ideia de que cada letra representa uma sílaba. Coloca um número mínimo de letras para que possa ler, deduzindo que com uma única letra não é possível ler. Nesta fase o educando pode apresentar ou não a noção de som nas vogais ou consoantes. Exemplo:
PIPOCA - o educando poderá escrever
B T U (sem equivalência sonora)
ou
I O A (com equivalência sonora na vogal)
O K (com equivalência sonora na consoante)

CONTINUA

> **FASE III** - Nesta fase, o educando não coloca ou não percebe a importância de algumas letras na sílaba. Normalmente as pessoas dizem que eles "comeram letras".
> Exemplo:
> **PIPOK**
>
> **FASE IV** - Nesta fase, o educando ao escrever comete erros de ortografia ou escreve da mesma forma que se fala. Nesta fase, consideramos que o educando já domina a base alfabética, já sabe como se organiza a escrita.
> Exemplo:
> **PIPOKA**

Após realizar o trabalho de sondagem, Luzia identificou que, em sua sala, dos 23 educandos:

- 11 estavam na fase I (escreviam utilizando letras, não estabeleciam relação entre som e escrita, não estabeleciam quantidade mínima de letras);
- 8 estavam na fase II (começavam a apresentar noção de sílaba, alguns já estabeleciam relação entre som e escrita, outros não);
- 4 estavam na fase III (apresentavam equivalência sonora, mas não percebiam a importância de algumas letras na sílaba e acabavam "comendo letras").

Depois de levantar com os educandos as informações necessárias para caracterizar sua turma e com base nas informações colhidas no diagnóstico inicial — neste caso a Sondagem —, Luzia já tem elementos para planejar e propor atividades significativas em sua sala de aula.

Luzia já possui informações sociais e cognitivas de seus educandos. Ela percebeu que sua turma é heterogênea, cada educando revela tipos de conhecimentos, gostos e tempo de compreensão e aprendizagem diferentes uns dos outros. Nesse sentido, as aulas de Luzia devem ser planejadas considerando essas diferentes realidades e desafiando individualmente cada educando.

Como considerar essa heterogeneidade, englobando os diferentes interesses e desafios numa aula? Essa é a questão que Luzia e os demais educadores alfabetizadores levaram para o espaço de formação e na qual serão subsidiados pelos formadores e coordenadores pedagógicos no decorrer do ano.

Capítulo II

A importância dos textos e o tema gerador na alfabetização

Luzia e os demais educadores de seu grupo estavam presentes em um curso de formação cujo assunto era a importância do trabalho com textos e tema gerador na alfabetização. E a formadora dizia:

"Temos discutido a importância do trabalho com textos há alguns anos no processo de formação continuada de educadores de jovens e adultos. Percebemos nas salas que temos observado que as educadoras estão fazendo uso do texto no processo de alfabetização. Isso representa de certa forma que estas educadoras têm compreendido que alfabetizar é muito mais que decifrar ou decodificar códigos; é compreender o funcionamento da leitura e da escrita e fazer o uso delas na sociedade. Estar alfabetizado nesta perspectiva ampla é poder utilizar o caixa eletrônico, pegar um ônibus, fazer uma conta sem precisar consultar um acompanhante ou pedir ajuda a um desconhecido.

No entanto, trabalhar com textos ainda representa uma dificuldade para os educadores. Optar pelo trabalho com texto no processo de alfabetização de jovens e adultos requer do educador um olhar atento para as necessidades dos educandos, seus interesses, suas preocupações, suas dificuldades no dia a dia. A percepção do educador é fundamental para a escolha de bons textos, o que possibilitará uma aula reflexiva e produtiva.

O texto neste sentido é muito mais que algumas informações sobre determinado assunto, é a possibilidade de estabelecer relações com aquilo que o aluno sabe ou deseja saber sobre esses assuntos. Um texto pode despertar interesse por algo cuja existência nem imaginávamos; pode despertar questionamentos, novas aprendizagens, ampliação de nossa visão sobre o mundo. Um texto só tem sentido quando é lido e refletido. O leitor é o ser que dá sentido à leitura; sem ele, o texto é só um texto ou mais um texto.

Dar sentido a um texto é algo mágico, porque envolve tudo aquilo que me constitui, minha história de vida, minhas leituras de outros textos, o ambiente onde vivo, meu momento ao ler. Esse processo não é fácil; Paulo Freire dizia que "a leitura do mundo precede a leitura da palavra"; lemos o mundo e fazemos relação deste mundo com o escrito, criando sentido a tudo que lemos.

O texto é importante, como já sabemos, mas o contexto é o que traz sentido ao texto.

O texto dentro de um contexto torna-se mais significativo. Por isso, falamos tanto de tema gerador. A palavra já diz: GERADOR. O tema deve contemplar os interesses dos educandos para que, partindo dele, possamos selecionar os textos que possibilitarão o diálogo entre o saber prévio dos educandos — aquele saber da experiência, o saber da vida — e o saber científico — aquele construído socialmente e ao qual muitos de nossos educandos não tiveram acesso pela falta da leitura e escrita.

No entanto, para acessar estes conhecimentos devemos desde o processo inicial de alfabetização possibilitar que os educandos tenham acesso a bons textos e façam uso deles, para que, na medida em que forem se alfabetizando, já façam uso da leitura e escrita em sua vida cotidiana e consigam gradativamente se libertar de medos e inseguranças óriundos do não saber fazer o que os letrados fazem.

O tema gerador é o assunto de interesse do grupo, os textos selecionados terão como função envolver o educando na temática, despertar interesse pelo assunto, possibilitar a ampliação e construção de novos conhecimentos. Por isso, falamos que o tema gerador parte de um assunto e nos leva a diversos outros. Isso é possível através do trabalho com textos, entre outros. Na discussão temática é impossível ficar só em uma área do conhecimento (conhecida na escola como disciplina), com o tema caminhamos por todas as áreas sem fragmentar o conhecimento, como se ele estivesse em gavetinhas, "hoje vou abrir a gaveta da matemática, amanhã das ciências e depois de amanhã...".

Vamos tentar ilustrar o trabalho com texto dentro de temas através de algumas sequências didáticas durante nossos encontros de formação deste ano. Apresentaremos os Temas Geradores: Trabalho e Festivas Populares e seguiremos com uma sequência de atividades cujo foco será: "Tempo".

Tema I: Trabalho

O LUGAR DOS LIVROS

SOU LUZIA UMA PARAIBANA QUE ENFRENTA A VIDA. POR ISSO ESTOU COM OS MEUS COLEGAS APRENDENDO A "LÊ COM FACILIDADE".

QUANDO DIZEM QUE A VIDA DE ANALFABETO É DIFÍCIL "TÃO" DIZENDO VERDADE. OLHA O QUE ACONTECEU COMIGO.

UM DIA CONSEGUI UMA FAXINA NA CASA DE UM MÉDICO. ERA UMA FAXINA BOA. SÓ UM ÔNIBUS PARA "PEGA", A PATROA ERA GENTE FINA E O TRABALHO ERA "DEIXÁ" A BIBLIOTECA DO DOUTOR SEM PÓ.

NO PRIMEIRO DIA, D. TERESA ME ENSINOU TUDO, DIREITINHO. A GENTE PRECISAVA "TIRA" OS LIVROS, "PÓ" ELES NA MESA, "LIMPA" UM POR UM E DEPOIS "DEIXA" NA ESTANTE DE NOVO. NO PRIMEIRO DIA, FIZ TUDO E FUI EMBORA.

NA OUTRA SEMANA, D. TERESA FICOU ME ESPERANDO. FOI DIZENDO QUE MUITOS LIVROS FICARAM VIRADOS DE CABEÇA PRA BAIXO, QUE ISSO NÃO PODIA MAIS "ACONTECE"...

ELA ACHAVA QUE EU ERA DISTRAÍDA. MAS O PROBLEMA ERA OUTRO.

EU NÃO SABIA SE O LIVRO TAVA OU NÃO DE PONTA CABEÇA PORQUE NÃO SABIA MEXER COM AS LETRAS.

NÃO QUERIA "PERDE" O TRABALHO. COMECEI "ABRI" OS LIVROS, QUANDO TINHA ALGUMA FIGURA "TAVA" SALVA.

MAS TINHA QUE "ACHÁ" UM JEITO PROS OUTROS CASOS. DEPOIS DE "OLHA" DAQUI E DALI, MATEI A CHARADA. DESCOBRI QUE QUASE TODAS AS PÁGINAS TINHAM NÚMEROS NA PARTE DE BAIXO OU NO ALTO, E NÚMEROS ERAM MEUS CONHECIDOS.

SE ERREI ALGUMA VEZ, A D. TEREZA NÃO RECLAMOU.

HOJE, QUE ALÍVIO, NÃO PRECISO MAIS DE TRUQUES!

LUZIA ALVES
"Historiando – livro do educador" – pág. 30.
Seleção e Organização: Vera Barreto – Vereda/1995

EXPLORAÇÃO ORAL DO TEXTO

1. VOCÊS CONHECEM ALGUMA HISTÓRIA PARECIDA COM ESTA?
2. QUAL ERA A PROFISSÃO DE LUZIA?
3. QUE DIFICULDADES ELA ENFRENTAVA EM SEU TRABALHO POR NÃO SABER LER E ESCREVER?
4. QUAL A SUA PROFISSÃO? QUAIS DIFICULDADES VOCÊ ENFRENTA POR NÃO SABER LER E ESCREVER?
5. VOCÊ GOSTARIA DE TER OUTRA PROFISSÃO?

ATIVIDADES DE ESCRITA

1. QUE PROFISSÕES VOCÊS CONHECEM? VAMOS FAZER UMA LISTA?

PROFESSOR
MÉDICO
PEDREIRO
BORRACHEIRO
VENDEDOR
FARMACÊUTICO
SECRETÁRIA
DOMÉSTICA
LIVREIRO

Análise e Reflexão da Escrita

✓ Pedir aos educandos que escrevam algumas destas palavras com o alfabeto móvel.

> ### ALFABETO MÓVEL
>
> O trabalho com construção de palavras a partir das letras móveis estimula o processo de aquisição da escrita desses educandos, permitindo outra relação com a possibilidade de erros, fortalecendo sua autoconfiança e vontade de aprender.

Abaixo apresentamos um modelo de Alfabeto Móvel que você pode reproduzir, organizar em envelopes e entregar a cada um de seus educandos.

MODELO DE ALFABETO MÓVEL

A	A	A	A	A	A	A
A	A	A	A	A	A	A
A	B	B	B	B	B	C
C	C	C	C	D	D	D
D	D	E	E	E	E	E

CONTINUA

E	E	E	E	E	E	E
E	E	E	F	F	F	F
F	G	G	G	G	G	H
H	H	H	H	I	I	I
I	I	I	I	I	I	I
J	J	J	J	J	J	J
K	K	K	K	K	K	K
L	L	L	L	L	L	L
M	M	M	M	M	M	M
N	N	N	N	N	N	N

O	O	O	O	O	O	O
P	P	P	P	P	P	P
Q	Q	Q	Q	Q	Q	Q
R	R	R	R	R	R	R
S	S	S	S	S	S	S
T	T	T	T	T	T	T
U	U	U	U	U	U	U
U	U	U	U	U	U	U
V	V	V	V	V	V	V
W	W	W	W	W	W	W

CONTINUA

X	X	X	X	X	X	X
Y	Y	Y	Y	Y	Y	Y
Z	Z	Z	Z	Z	Z	Z

EXEMPLOS:

VENDEDOR
PEDREIRO
DOMÉSTICA

VENDEDOR — Com que letra começa? Com que letra termina? Quantas letras tem?

PEDREIRO — Com que letra começa? Com que letra termina? Quantas letras tem? Quais diferenças existem entre essas palavras?

DOMÉSTICA — Com que letra começa? Com que letra termina? Quantas letras tem? Quais diferenças existem entre essas palavras?

✓ Outra possibilidade de trabalho e bem mais reflexiva é pedir para que os educandos escrevam o nome de profissões que não estão na lista. Com isso, desafiamos o educando a pensar sobre a escrita e temos a possibilidade de analisar em que fase de escrita o educando se encontra e o que podemos fazer para o seu avanço.

✓ Os educandos poderão desenvolver está atividade sozinhos ou em duplas. O educador deverá acompanhar esta escrita e fazer intervenções como:

1 — Leia o que você escreveu.

2 — A palavra já está completa?

3 — Olhe o alfabeto e veja o que você escreveu.

O intuito destas intervenções é possibilitar a reflexão do educando sobre como as palavras se organizam, como a escrita é organizada. Após um tempo o educador deve registrar estas palavras na lousa e junto com os educandos fazer a análise e reflexão das palavras.

QUE PROFISSÕES VEMOS NESTAS IMAGENS?

O educador deverá oferecer estas imagens aos educandos e solicitar que os educandos falem tudo o que eles conseguem ver nas imagens. Direcionar as falas nas profissões, favorecer que os educandos percebam quais são as atividades produtivas desenvolvidas e em quais lugares elas acontecem.

PROBLEMATIZAÇÃO

Fazer uma lista na lousa das impressões dos educandos sobre a análise das imagens e fomentar uma discussão.

QUE PROFISSÕES SÃO MAIS COMUNS NO CAMPO (MEIO RURAL) E QUAIS SÃO MAIS COMUNS NA CIDADE (MEIO URBANO):

CAMPO	CIDADE

CIDADEZINHA QUALQUER

Carlos Drummond de Andrade

CASAS ENTRE BANANEIRAS
MULHERES ENTRE LARANJEIRAS
POMAR AMOR CANTAR.

UM HOMEM VAI DEVAGAR.
UM CACHORRO VAI DEVAGAR.
UM BURRO VAI DEVAGAR.

DEVAGAR... AS JANELAS OLHAM.
ETA VIDA BESTA, MEU DEUS.

Fonte consultada: "Poetizando — livro do educador" — pág. 11.
Seleção e Organização: Vera Barreto — Vereda

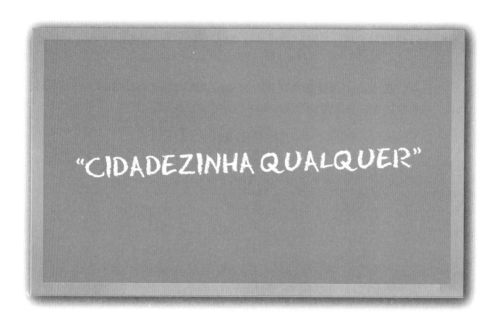

O que está escrito aqui (Título)?

✓ Entregar o texto para cada educando (é recomendado que se ofereça no início do processo de alfabetização uma cópia do texto que será trabalhado, já que muitos educandos apresentam dificuldades para copiar e possivelmente não conseguirão fazer a leitura do que escreveram).

✓ Além de entregar um texto para cada educando devemos escrever o texto na lousa ou papel craft (esse será fixado na sala — ajudará na composição do ambiente alfabetizador).

Você conhece alguma palavra? O que vocês acham que vai estar escrito no texto?

> Fazer uma lista na lousa das falas dos educandos.

Ler o nome do autor do texto e perguntar se os educandos conhecem. Falar um pouco dele.

> Pesquisar biografias do autor em sites, livros e blogs.

Ler o texto para os educandos e depois, junto com eles, perguntar o que entenderam:

1 – Vocês conhecem uma cidade assim?
2 – Por que um homem, o cachorro e o burro vão devagar?
3 – Nesta cidade, você também andaria devagar?
4 – Onde podemos encontrar esta cidade? Ela existe?
5 – Qual a diferença da sua cidade e a cidade do texto?

✓ Ao explorar o texto oralmente com os educandos, relacione o que estão dizendo sobre o texto e a lista com as impressões que tinham antes de ler o texto.

Pedir que os educandos circulem ou pintem as palavras significativas:

EXEMPLOS:

HOMEM
MULHERES
CIDADE
DEVAGAR

Pedir que escrevam com o alfabeto móvel e depois escrevam no caderno:

Atividade de Análise e Reflexão da Escrita

PALAVRAS	COMEÇA COM A LETRA?	TERMINA COM A LETRA?	QUANTAS LETRAS TEM?
HOMEM			
CACHORRO			
BURRO			
DEVAGAR			

LEIA O TEXTO E COMPLETE COM AS PALAVRAS QUE ESTÃO FALTANDO:

CIDADEZINHA QUALQUER

Carlos Drummond de Andrade

CASAS ENTRE BANANEIRAS
_____ ENTRE LARANJEIRAS
POMAR AMOR CANTAR.

UM _____ VAI DEVAGAR.
UM _____ VAI DEVAGAR.
UM BURRO VAI DEVAGAR.

DEVAGAR... AS JANELAS OLHAM.
ETA VIDA BESTA, MEU _____

BANCO DE PALAVRAS:

HOMEM　　**DEVAGAR**　　**MULHERES**　　**DEUS**　　**CACHORRO**

TEXTO LACUNADO

Chamamos esta atividade de texto lacunado. Retiramos palavras que fazem sentido no texto e pedimos ao educando que leia, compare ao texto que está no caderno ou exposto na sala e complete com as palavras que faltam. Na atividade acima oferecemos um banco de palavras para os educandos que apresentam mais dificuldades.

Para desafiar educandos que já estão mais avançados, oferecemos o texto sem o banco de palavras, como podemos ver abaixo:

LEIA O TEXTO E COMPLETE COM AS PALAVRAS QUE ESTÃO FALTANDO:

CIDADEZINHA QUALQUER

Carlos Drummond de Andrade

CASAS ENTRE BANANEIRAS
_____ ENTRE LARANJEIRAS
POMAR AMOR CANTAR.

UM _____ VAI DEVAGAR.
UM _____ VAI DEVAGAR.
UM BURRO VAI DEVAGAR.

DEVAGAR... AS JANELAS OLHAM.
ETA VIDA BESTA, MEU _____

O TEXTO "CIDADEZINHA QUALQUER" ESTÁ FORA DA ORDEM. RECORTE E COLE COLOCANDO NA ORDEM CERTA.

UM HOMEM VAI DEVAGAR

CASAS ENTRE BANANEIRAS

UM BURRO VAI DEVAGAR.

POMAR AMOR CANTAR.

MULHERES ENTRE LARANJEIRAS

UM CACHORRO VAI DEVAGAR.

ETA VIDA BESTA, MEU DEUS.

CIDADEZINHA QUALQUER
CARLOS DRUMMOND DE ANDRADE

DEVAGAR... AS JANELAS OLHAM.

O TEXTO "CIDADEZINHA QUALQUER" ESTÁ FORA DA ORDEM. RECORTE E COLE COLOCANDO NA ORDEM CERTA.

UM HOMEM VAI DEVAGAR.
UM CACHORRO VAI DEVAGAR.
UM BURRO VAI DEVAGAR

CASAS ENTRE BANANEIRAS
MULHERES ENTRE LARANJEIRAS
POMAR AMOR CANTAR.

CIDADEZINHA QUALQUER
CARLOS DRUMMOND DE ANDRADE

DEVAGAR... AS JANELAS OLHAM.
ETA VIDA BESTA, MEU DEUS.

VOCÊ JÁ CONHECE O TEXTO "CIDADEZINHA QUALQUER". CRIE OUTRO FINAL PARA O TEXTO.

CIDADEZINHA QUALQUER

CARLOS DRUMMOND DE ANDRADE

CASAS ENTRE BANANEIRAS
MULHERES ENTRE LARANJEIRAS
POMAR AMOR CANTAR.

UM HOMEM VAI DEVAGAR.
UM CACHORRO VAI DEVAGAR.
UM BURRO VAI DEVAGAR.

DICA

Fazer em grupo, registrar no craft e apresentar na sala de aula.

DE QUE PROFISSÕES ESTAMOS FALANDO?

Em duplas, distribuir as filipetas com as profissões e o que fazem estes trabalhadores. Solicitar que os educandos leiam e estabeleçam estas ligações.

MANICURE

MECÂNICO

BOMBEIRO

PROFESSOR

APAGA INCÊNDIOS

PREPARA E DÁ AULAS, ENSINA A LER E ESCREVER

CUIDA DAS UNHAS, CORTA, LIXA E ESMALTA

CONSERTA CARROS, MOTOS, ÔNIBUS E CAMINHÕES

HOJE EM DIA PARA SE ARRUMAR UM EMPREGO, PRECISAMOS NOS APRESENTAR ATRAVÉS DE UM CURRÍCULO.
VOCÊ TEM UM CURRÍCULO, JÁ OUVIU FALAR DE UM, GOSTARIA DE ELABORAR O SEU?

CURRÍCULO

DADOS PESSOAIS

NOME: _____

ENDEREÇO: _____

TELEFONE: _____

DATA DE NASCIMENTO: _____

E-MAIL: _____

FORMAÇÃO

NOME DA ESCOLA: _____

ANO DE CONCLUSÃO: _____

EXPERIÊNCIA PROFISSIONAL

1 – EMPRESA _____

PERÍODO: _____

FUNÇÃO: _____

2 – EMPRESA _____

PERÍODO: _____

FUNÇÃO: _____

3 – EMPRESA _____

PERÍODO: _____

FUNÇÃO: _____

VAMOS CONSTRUIR UMA TABELA?

PROFISSÕES DOS EDUCANDOS DA SALA

PROFISSÕES	QUANTIDADE

CONSTRUINDO UM GRÁFICO COM AS PROFISSÕES

CONSULTE A TABELA ACIMA E PINTE OS
QUADROS CONFORME A QUANTIDADE:

DOMÉSTICA	ELETRICISTA	MECÂNICO	PEDREIRO	MANICURE

Tema II: Festivas Populares

QUADRILHA

CARLOS DRUMMOND DE ANDRADE

JOÃO AMAVA TERESA QUE AMAVA RAIMUNDO
QUE AMA MARIA QUE AMAVA JOAQUIM QUE AMAVA LILI
QUE NÃO AMAVA NINGUÉM.
JOÃO FOI PARA OS ESTADOS UNIDOS, TERESA PARA O CONVENTO,
RAIMUNDO MORREU DE DESASTRE, MARIA FICOU PARA TIA,
JOAQUIM SUICIDOU-SE E LILI CASOU COM J. PINTO FERNANDES
QUE NÃO TINHA ENTRADO NA HISTÓRIA.

1 — Entregar o texto "Quadrilha" em letras maiúsculas para cada educando e solicitar que digam o que acham que está escrito. O educador deverá registrar as impressões dos educandos na lousa.

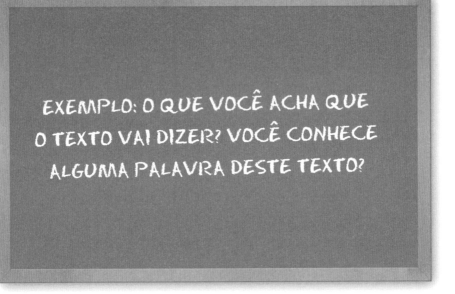

2 — Após o levantamento das impressões dos educandos sobre o texto, fazer a leitura junto com eles (o texto deverá estar escrito na lousa ou em papel craft).

3 — Pedir para que os educandos leiam sozinhos silenciosamente.

4 — Pedir para que todos leiam em voz alta com o educador.

5 — Perguntar para os educandos o que entenderam do texto lido e se tem alguma relação com o que achavam que estaria escrito.

6 — Perguntar: por que o título é "QUADRILHA"? Registrar.

ATIVIDADE

1 – DÊ OUTRO TÍTULO AO TEXTO.

JOÃO AMAVA TERESA QUE AMAVA RAIMUNDO
QUE AMA MARIA QUE AMAVA JOAQUIM QUE AMAVA LILI
QUE NÃO AMAVA NINGUÉM.
JOÃO FOI PARA OS ESTADOS UNIDOS, TERESA PARA O CONVENTO,
RAIMUNDO MORREU DE DESASTRE, MARIA FICOU PARA TIA,
JOAQUIM SUICIDOU-SE E LILI CASOU COM J. PINTO FERNANDES
QUE NÃO TINHA ENTRADO NA HISTÓRIA.

2 – CIRCULE OS NOMES PRÓPRIOS DESTA POESIA.

3 – FAÇA UMA LISTA COM ESTES NOMES.

Aproveite para explicar o que são nomes próprios

4 – SEPARE OS NOMES FEMININOS E OS MASCULINOS:

MULHERES	HOMENS

PEDRO, ANTÔNIO E JOÃO

AUTOR: BENEDITO LACERDA E OSWALDO SANTIAGO

COM A FILHA DE JOÃO
ANTÔNIO IA SE CASAR
MAS PEDRO FUGIU COM A NOIVA
NA HORA DE IR PRO ALTAR

A FOGUEIRA ESTÁ QUEIMANDO
E UM BALÃO ESTÁ SUBINDO
ANTÔNIO ESTAVA CHORANDO
E PEDRO ESTAVA SORRINDO
E NO FIM DESSA HISTÓRIA
AO APAGAR-SE A FOGUEIRA
JOÃO CONSOLAVA ANTÔNIO
QUE CAIU NA BEBEDEIRA.

Referência: "Festa de São João" – Miranda e sua bandinha. Gravadora Independente, 1975.

1 — Distribuir a letra da música para os educandos e pedir que circulem as palavras que conhecem.

2 — Perguntar: que texto é esse? Do que está falando?

3 — Apresentar o texto escrito na lousa ou em papel craft e ler com os educandos.

4 — Colocar a música e solicitar que os educandos cantem acompanhando a letra da música.

APÓS A ATIVIDADE DE LEITURA

1 — Perguntar aos educandos se eles conhecem a história da página anterior.

2 — Estabelecer relação entre esta música e o texto "A Quadrilha", de Carlos Drummond de Andrade.

ATIVIDADE DE ESCRITA

> 1 – QUEM É QUEM NESTA HISTÓRIA?

> 2 – QUAL É O NOME DA NOIVA?

DISCUTIR COM O GRUPO

A quadrilha é uma dança típica de qual festa?

> Fazer uma lista com tudo o que encontramos nas festas populares do mês de junho.

EXEMPLOS:

BARRAQUINHA	MÚSICA
COMIDAS	DANÇA
BANDEIRINHA	QUADRILHA
FOGUEIRA	CORREIO
BALÃO	ELEGANTE
FOGOS	BRINCADEIRAS

Pedir para os educandos escreverem algumas palavras desta lista com o alfabeto móvel.

Atividade de Análise e Reflexão da Escrita

PALAVRAS	COMEÇA COM A LETRA?	TERMINA COM A LETRA?	QUANTAS LETRAS TEM?
FOGUEIRA			
BALÃO			
QUADRILHA			
BANDEIRINHA			

ORGANIZE AS PALAVRAS EM ORDEM ALFABÉTICA:

QUADRILHA – FOGUEIRA – BANDEIRINHA – FOGOS – BALÃO

1 —

2 —

3 —

4 —

5 —

QUAIS SÃO AS PALAVRAS?

Distribuir envelopes com palavras recortadas e pedir aos educandos que construam as palavras.

QUENTÃO – BALÃO – FOGUEIRA – MILHO – PIPOCA – QUADRILHA

MODELO

Q	U	E	N	T
Ã	O	B	A	L
A	Õ	F	O	G
U	E	I	R	A
M	I	L	H	O
P	I	P	O	C
A	Q	U	A	D
R	I	L	H	A

ADIVINHE O QUE É E ENCONTRE AS PALAVRAS NO QUADRO:

1 – FAZ COM MILHO? _____

2 – PULA A _____

3 – O _____ VAI SUBINDO

4 – DANÇA TÍPICA _____

P	I	P	O	C	A	T	X	V	C
C	X	B	R	E	B	M	Y	M	A
H	Q	U	A	D	R	I	L	H	A
T	H	Q	C	W	X	B	M	E	Ç
B	N	B	D	B	A	L	A	O	L
C	V	H	E	L	D	D	B	H	Y
N	W	O	W	Z	Y	J	X	K	R
Y	D	M	O	Q	R	R	D	I	C
P	F	O	G	U	E	I	R	A	X
Ç	R	C	M	S	J	C	Y	R	W

DISCUTIR COM OS EDUCANDOS

1 – A MÚSICA **PEDRO, ANTÔNIO E JOÃO** QUE LEMOS E CANTAMOS TEM ALGUMA COISA HAVER COM A HISTÓRIA QUE ACABAMOS DE OUVIR?

2 – TEM ALGUMA RELAÇÃO COM O TEXTO **"QUADRILHA"**, DE CARLOS DRUMMOND DE ANDRADE?

E VOCÊ, JÁ PARTICIPOU DE ALGUMA QUADRILHA DE FESTA JUNINA OU DE ALGUMA QUADRILHA CITADA NO TEXTO DE CARLOS DRUMMOND DE ANDRADE?

> Fazer a leitura do cordel "Quadrilha Junina" e dialogar com os educandos sobre o que entenderam do texto.

QUADRILHA JUNINA

SALVE, SALVE MINHA GENTE
EM CORDEL QUERO MOSTRAR
A HISTÓRIA DE UMA TRADIÇÃO
QUE DEVEMOS PRESERVAR,
É A **QUADRILHA MATUTA**,
UM FESTEJO POPULAR.

DANÇADA NO MÊS DE JUNHO
NO BRASIL E ESPECIALMENTE
NOS ESTADOS DO NORDESTE
ONDE PERMANENTEMENTE
O POVO SE ESFORÇA PARA
VIVER SEMPRE ALEGREMENTE.

A QUADRILHA É UM MISTO
DE TEATRO, MÚSICA E DANÇA
ONDE AQUILO QUE É CANTADO
A PLATEIA EMBALANÇA
E AGRADA DO MAIS VELHO
À MAIS NOVA CRIANÇA.

BAIÃO, XOTE, XAXADO,
NOSSO FORRÓ PÉ-DE-SERRA
SÃO TOCADOS POR SANFONA,
SÓ QUEM SABE É QUEM NÃO ERRA,
O TRIÂNGULO, A ZABUMBA
FAZEM O SOM DA NOSSA TERRA.
-01-

UNS DIZEM QUE FOI NA FRANÇA,
OUTROS QUE NA INGLATERRA
ONDE A QUADRILHA SURGIU,
MAS AQUI EM NOSSA TERRA
FORA BEM ASSIMILADA
PELO HOMEM DO PÉ DA SERRA,

DO SÍTIO, VILA, CIDADE
E A MULHERADA ADOROU,
FOI UMA FESTIVIDADE
QUE NO BRASIL SE ESPALHOU
E POR RESISTIR AO TEMPO
É SINAL QUE TEM VALOR.

EM 1808,
FUGINDO DE PORTUGAL,
NAVEGANDO EM CARAVELA,
CHEGOU A CORTE REAL
PORTUGUESA AO BRASIL,
O MOTIVO, NADA BANAL:

NAPOLEÃO BONAPARTE
AMEAÇOU INVADIR
PORTUGAL E QUEM TENTASSE
O COMÉRCIO INSISTIR
COM O POVO DA INGLATERRA,
ERA ORDEM A SE CUMPRIR.
-02-

DOM JOÃO, REI DE PORTUGAL
MANTEVE COM A INGLATERRA
O COMÉRCIO, MAS DEPOIS
VIU QUE IA DÁ EM GUERRA,
TEMENDO NAPOLEÃO,
APORTOU EM NOSSA TERRA.

COM ELE, ALÉM DA CORTE,
VEIO DESENVOLVIMENTO,
A DIVULGAÇÃO DA ARTE,
UM CERTO INVESTIMENTO
EM CULTURA, EDUCAÇÃO
E FESTA A TODO O MOMENTO,

COMO AS DANÇAS EM PALÁCIOS,
LÁ DA EUROPA TRAZIDAS,
NOS SALÕES IAM PESSOAS,
SÓ RICAS E BEM VESTIDAS
EM SEUS TRAJES LUXUOSOS,
RETRATOS DE BOAS VIDAS.

COM O TEMPO O POVO SIMPLES
ESTAS DANÇAS CONHECEU,
MAS NÃO GOSTOU DO QUE VIU
E POR ISSO RESOLVEU
FAZER UMA ADAPTAÇÃO,
VEJA O QUE SE SUCEDEU:
-03-

A MÚSICA LENTA E SUAVE
FOI LOGO MODIFICADA,
ENTROU UM RITMO MAIS FORTE,
MAIS ALEGRE E FOI USADA
UMA ORQUESTRA DIFERENTE
DA QUE ERA APRESENTADA.

O PIANO DEU LUGAR
À SANFONA E TAMBÉM
À ZABUMBA E AO TRIÂNGULO,
TRIO QUE SABEMOS QUE VEM
DO NOSSO E BOM FORRÓ,
SOM BONITO QUE ENTRETÉM.

FOI O POVO DO INTERIOR,
O PRIMEIRO A DANÇAR
A QUADRILHA DESSE JEITO
E LOGO PASSOU A USAR
AS ROUPAS QUE ERAM ENTÃO
TÍPICAS DO SEU LUGAR.

ASSIM VEIO O CHAPÉU DE PALHA,
VESTIDO OU SAIA DE CHITA,
A CALÇA BEM REMENDADA,
FLORADA, MAS BEM BONITA,
A CAMISA DE XADREZ,
GRAVATA E LAÇO DE FITA.

A SANDÁLIA CURRULEPE,
ALPERCATA OU BOTINA,
O LENÇO BRANCO DE SEDA,
UM TOQUE DE GENTE FINA,
E TAMBÉM O XALE DE RENDA
NO PESCOÇO DA MENINA.
-04-

OUTROS TANTOS ADEREÇOS
ENFEITAM O POVO A DANÇAR
A QUADRILHA, QUE EM PARES
PASSA A SE APRESENTAR
FESTEJANDO UM CASAMENTO
E A COLHEITA DO LUGAR.

CELEBRA-SE UM CASÓRIO
QUE O NOIVO NUNCA QUER,
NÃO IMPORTA SE ELE É FEIO,
SE ELA UMA BELA MULHER,
O NOIVO SEM COMPROMISSO
NO MEIO DO ARRASTA-PÉ.

GERALMENTE O PAI DA NOIVA
É O CORONEL DO SALÃO,
É QUEM COMANDA A QUADRILHA
FESTEJANDO SÃO JOÃO,
SÃO PEDRO E SANTO ANTÔNIO,
O COLHER MILHO E FEIJÃO.

MONTA-SE O ARRAIAL
REPLETO DE BANDEIRINHAS,
DE BALÃO, FITA E PALHAS,
DE COQUEIRO, CORDA E LINHA,
COM PALHA DE BANANEIRA,
SOLTAM-SE TRAQUE E CHUVINHA...

SOLTAM-SE BOMBAS E FOGOS,
MAS COM O DEVIDO CUIDADO.
A FOGUEIRA JÁ ACESA
AQUECE OS NAMORADOS.
FAZ-SE ADIVINHAÇÃO,
COME-SE MILHO ASSADO.
-05-

DO MATUTO LÁ DA ROÇA
MANTÉM-SE O LINGUAJAR:
CORONÉ, MALINO, SÔ,
MUIÉ, PAIOÇA, TREPÁ,
TRAQUINO, BESTA, CAGADO,
VIXE MARIA, LASCAR!

ENQUANTO A QUADRILHA ENSAIA
SUA APRESENTAÇÃO
SÃO PREPARADAS COMIDAS
ESPECIAIS À OCASIÃO:
PAMONHA, BOLO, CANJICA,
MUNGUNZÁ, MILHO, BAIÃO.

BEBE-SE PINGA OU QUENTÃO,
É BOM NÃO EXAGERAR,
UMA É SUFICIENTE,
NÃO É PRA SE EMBRIAGAR
E EM FRENTE A FOGUEIRA
É FÁCIL SE ENCONTRAR...

INDA HOJE AS PESSOAS
QUE UMA TRADIÇÃO MANTÊM
AO ESCOLHEREM PADRINHOS
E AS MADRINHAS TAMBÉM,
PEDEM BENÇÃOS, CANTAM, REZAM,
PULAM O FOGO, DIZEM AMÉM.
-06-

É ESTE O CLIMA QUE ENVOLVE
NOSSA QUADRILHA JUNINA
QUE NO MEIO DO PAVILHÃO,
O CORONEL BEM ENSINA
OS PASSOS PARA A CRIANÇA,
PRO ADULTO, JOVEM E À MENINA.

O IDOSO TAMBÉM DANÇA,
SÓ QUEM NÃO QUER, FICA FORA,
ANAVANTUR, ANARRIÊ,
BALANCÊ A TODA HORA
E NO CAMINHO DA ROÇA,
MEIA VOLTA E "VAMO" EMBORA!

E AS DUPLAS VÃO DANÇANDO,
AS DAMAS, OS CAVALHEIROS,
A NOIVA, O NOIVO, O PADRE,
A CIGANA, O SEU PARCEIRO,
SOLDADO, TRABALHADOR
E A MULHER DO ROCEIRO.

TEM CRIANÇA, CANGACEIRO,
TEM PRÍNCIPE E TEM PRINCESA,
JUIZ, RAINHA DO MILHO,
SINHÁ-MOÇA, CAMPONESA,
MARINHEIRO E O CORONEL
FALANDO A LA FRANCESA.
-07-

FORMA-SE UMA GRANDE RODA,
O POVO TODO A GRITAR,
OLHA A CHUVA, OLHA A COBRA,
VAMOS NOS CUMPRIMENTAR,
FAZER TÚNEL E SERROTE
E O BOM BAIÃO DANÇAR.

OLHA-SE O BALÃO SUBINDO
E AS ESTRELAS DO CÉU,
AGRADECEMOS A DEUS
POR NÃO VIVERMOS AO LÉU

E VEZ EM QUANDO SE OUVE
UM POETA DE CORDEL.

MEU SONHO É QUE A QUADRILHA
NUNCA VENHA A SE ACABAR,
QUE HAJA FESTIVAL, CONCURSOS,
QUE TODOS POSSAM DANÇAR,
MAS COM A PREOCUPAÇÃO
PRA NÃO MAIS ADULTERAR...

OS PASSOS, AS VESTIMENTAS,
A MÚSICA QUE É TOCADA,
POIS TRADIÇÃO QUE SE PREZA
NÃO GOSTA DE SER MUDADA
E EU ACHO MUITO FEIA
TRADIÇÃO ESTILIZADA.
-08-
FIM

CORDELISTA FRANCISCO DINIZ
JOÃO PESSOA-PB, 06/07 DE JUNHO
DE 2006.

FONTE:
LITERATURA DE CORDEL – N. 53
AUTOR: **FRANCISCO DINIZ**
JOÃO PESSOA-PB, 06/07 DE JUNHO
DE 2006.

ATENÇÃO: ESTE CORDEL FOI
PREMIADO, EM OUTUBRO DE 2006,
COM O 1º LUGAR NO CONCURSO
"NOVOS AUTORES PARAIBANOS",
PROMOVIDO PELA UNIVERSIDADE
FEDERAL DA PARAÍBA.

SITE:
HTTP://LITERATURADECORDEL.
VILA.BOL.COM.BR

TRABALHANDO COM O TEXTO

O QUE O AUTOR DO CORDEL QUIS DIZER COM A ESTROFE ABAIXO:

> DO MATUTO LÁ DA ROÇA
> MANTÉM-SE O LINGUAJAR:
> CORONÉ, MALINO, SÔ,
> MUIÉ, PAIOÇA, TREPÁ,
> TRAQUINO, BESTA, CAGADO,
> VIXE MARIA, LASCAR

VOCÊ FALA ALGUMA DESSAS PALAVRAS OU CONHECE ALGUÉM QUE FALA ASSIM? É ERRADO?

Deixe os educandos falarem...

CAIPIRA FALA BONITO

Mistura de português arcaico com castelhano, línguas africanas, tupi-guarani e fonemas criados no meio rural, o dialeto caipira é uma forma de manter vivo um jeito de viver que está sumindo. Mesmo sem saber, e às vezes até envergonhado, o caipirês é uma forma de resistência da tradição. O sotaque do caboclo, seu chapéu de palha ou as mentiras que conta pra impressionar ganharam o nome bonito de Patrimônio Cultural Imaterial.

Articulando palavras abreviadas, reduzidas pela metade, sem concordância no plural, com pronúncia diferente do padrão formal, esse jeito de falar está longe de ser errado.

O parâmetro do certo sempre foi a cultura erudita, mas o costume popular e tradicional também tem seu espaço. Afinal, esse sotaque carregado expressa todo um modo de ser.

Por Lucas Puntel Carrasco, extraído de Almanaque Brasil

VARIEDADES LINGUÍSTICAS

Variedades linguísticas são as variações que uma língua apresenta, de acordo com as condições sociais, culturais, regionais e históricas em que é utilizada.

Todas as **variedades linguísticas são adequadas**, desde que cumpram com eficiência o papel fundamental de uma língua – o de permitir a interação verbal entre as pessoas, isto é, a comunicação.

Apesar disso, uma dessas variedades, **a norma culta ou norma padrão, tem maior prestígio social**. É a variedade linguística ensinada na escola, ensinada na maior parte dos livros e revistas e também em textos científicos e didáticos, em alguns programas de televisão etc. As demais variedades, como a regional, a gíria, o jargão de grupos ou profissões (a linguagem dos policiais, dos jogadores de futebol, dos metaleiros, dos surfistas), são chamadas genericamente de **dialeto popular ou linguagem popular**.

http://pt.wikipedia.org/wiki/Norma_culta

É certo escrevermos da forma com que falamos? Podemos fazer isso sempre?

Algumas canções regionais estão escritas da mesma forma que uma parcela da população brasileira fala. Neste caso, a escrita representa a fala dos povos que vivem nas zonas rurais, sertões. Alguns **músicos**, **poetas**, **escritores** conservam as características da fala na escrita como um meio de preservar esta forma de falar e a cultura de determinadas populações. Isso não é errado, desde que permita a comunicação entre as pessoas.

Luiz Gonzaga, Patativa do Assaré, Tonico e Tinoco, entre outros artistas, se orgulhavam desta forma de falar e contribuíram com a valorização e divulgação da cultura caipira, sertaneja, popular através de seus trabalhos conhecidos mundialmente.

Dentre esses artistas citados acima, escolhemos o Patativa do Assaré para contextualizar um pouco de sua história. Apresentaremos uma biografia e uma obra do autor.

QUEM FOI PATATIVA DO ASSARÉ

BIOGRAFIA

ANTÔNIO GONÇALVES DA SILVA, CONHECIDO COMO PATATIVA DO ASSARÉ, NASCEU NUMA PEQUENA PROPRIEDADE RURAL DE SEUS PAIS EM SERRA DE SANTANA, MUNICÍPIO DE ASSARÉ, NO SUL DO CEARÁ, EM 05-03-1909. FILHO MAIS VELHO ENTRE OS CINCO IRMÃOS, COMEÇOU A VIDA TRABALHANDO NA ENXADA. O FATO DE TER PASSADO SOMENTE SEIS MESES NA ESCOLA NÃO IMPEDIU QUE SUA VEIA POÉTICA FLORESCESSE E O TRANSFORMASSE EM UM INSPIRADO CANTOR DE SUA REGIÃO, DE SUA VIDA E DA VIDA DE SUA GENTE. EM RECONHECIMENTO A SEU TRABALHO, QUE É ADMIRADO INTERNACIONALMENTE, FOI AGRACIADO, NO BRASIL, COM O TÍTULO DE DOUTOR "HONORIS CAUSA" POR UNIVERSIDADES LOCAIS. CASOU-SE COM D. BELINHA, E FOI PAI DE NOVE FILHOS. PUBLICOU *INSPIRAÇÃO NORDESTINA*, EM 1956. *CANTOS DE PATATIVA*, EM 1966. EM 1970, FIGUEIREDO FILHO PUBLICOU SEUS *POEMAS COMENTADOS PATATIVA DO ASSARÉ*. TEM INÚMEROS FOLHETOS DE CORDEL E POEMAS PUBLICADOS EM REVISTAS E JORNAIS. SUA MEMÓRIA ESTÁ PRESERVADA NO CENTRO DA CIDADE DE ASSARÉ, NUM SOBRADÃO DO SÉCULO XIX QUE ABRIGA O MEMORIAL PATATIVA DO ASSARÉ. EM SEU LIVRO *CANTE LÁ QUE EU CANTO CÁ*, PATATIVA AFIRMA QUE O SERTÃO ENFRENTA A FOME, A DOR E A MISÉRIA, E QUE "PARA SER POETA DE VERA É PRECISO TER SOFRIMENTO".

O POETA FALECEU NO DIA 08/07/2002 AOS 93 ANOS.

O texto acima foi extraído do livro "Ispinho e Fulô", editado pela Universidade Estadual do Ceará/Prefeitura Municipal de Assaré, 2001, p. 182.

Fonte de pesquisa: <http://www.releituras.com/patativa_menu.asp>, 2009.

UMA OBRA

O POETA DA ROÇA

PATATIVA DO ASSARÉ

SOU FIO DAS MATA, CANTÔ DA MÃO GROSA
TRABAIO NA ROÇA, DE INVERNO E DE ESTIO
A MINHA CHUPANA É TAPADA DE BARRO
SÓ FUMO CIGARRO DE PAIA DE MIO.

SOU POETA DAS BRENHA, NÃO FAÇO O PAPÉ
DE ARGUM MENESTRÊ, OU ERRANTE CANTÔ
QUE VEVE VAGANDO, COM SUA VIOLA,
CANTANDO, PACHOLA, À PERCURA DE AMÔ.

NÃO TENHO SABENÇA, POIS NUNCA ESTUDEI,
APENAS EU SEIO O MEU NOME ASSINÁ.
MEU PAI, COITADINHO! VIVIA SEM COBRE,
E O FIO DO POBRE NÃO PODE ESTUDÁ.

MEU VERSO RASTERO, SINGELO E SEM GRAÇA,
NÃO ENTRA NA PRAÇA, NO RICO SALÃO,
MEU VERSO SÓ ENTRA NO CAMPO DA ROÇA E DOS EITO
E ÀS VEZES, RECORDANDO FELIZ MOCIDADE,
CANTO UMA SODADE QUE MORA EM MEU PEITO.

"Cante lá que eu canto cá".
Patativa do Assaré

LER POR PRAZER!!!!!!!

VAMOS LER A TIRINHA ABAIXO. PERCEBA QUE ELA ESTÁ ESCRITA NA LINGUAGEM POPULAR (COMO SE FALA). NESTE CASO PRESERVANDO AS CARACTERÍSTICAS DA FALA CAIPIRA. VAMOS REESCREVÊ-LA NA NORMA PADRÃO?

Glossário da Roça

Algumas palavras e expressões do povo do campo

Bacuri: criança recém-nascida
Bestagem: bobagem
Caboco: pessoa muito simples
Campiá: procurar
Dasveis: às vezes
De banda: de lado
Escangaiado: destruído
Estórva: atrapalha
Gaitada: risada estridente
Meia-pataca: insignificante
Módequê?: qual a razão?
Nhô: tratamento respeitoso de senhor
Orná: combinar
Pé de boi: pessoa decidida, muito trabalhadora
Questã: briga jurídica; pergunta
Réiva: raiva
Suzim: sozinho
Táio: talho; corte
Tôco: pessoa muito rude; pedaço pequeno de um tronco
Xicra: xícara
Zambeta: que tem a perna torta
Zarôio: caolho
Zóio: olho
Zorêia: orelha
Zunhada: unhada, arranhar com as unhas

Extraído de *Pequeno Dicionário de Caipirês* — Antonio Carlos Affonso dos Santos. Editora Nativa. 2001.

SAIBA MAIS

Os Caipiras de São Paulo, de Carlos Rodrigues Brandão (Brasiliense, 1983).

Música Caipira: As 270 maiores modas de todos os tempos, de José Hamilton Ribeiro (Globo, 2006).

Os parceiros do Rio Bonito, de Antonio Candido (34, 2001).

A Arte de Pontear Viola, de Roberto Corrêa (2000).

VAMOS CONSTRUIR UM GLOSSÁRIO COM EXPRESSÕES DE NOSSA TURMA

Na cultura a forma de falar é uma característica importante que destaca as populações de determinadas regiões do país. Neste mês de junho, em todo país, as pessoas estão lembrando da cultura caipira por causa das festas juninas, só que nem sempre essa lembrança vem acompanhada de um merecido respeito e valorização. Fique atento, valorize a nossa cultura para que ela não se perca com o tempo.

GLOSSÁRIO DA TURMA

EM QUE ESTADO E REGIÃO DO PAÍS VOCÊ NASCEU? QUAIS SÃO OS PRATOS TÍPICOS DE SUA REGIÃO?

LOCALIZE SEU ESTADO NO MAPA ABAIXO:

PROPOSTA DE ATIVIDADE: pesquisar sobre os pratos típicos das regiões e estados do Brasil.

QUAIS SÃO OS PRATOS TÍPICOS DAS FESTAS DE JUNHO?

FAZER UMA LISTA

Exemplo:

QUENTÃO	PIPOCA
VINHO QUENTE	BATATA-DOCE
BOLO DE FUBÁ	LICOR DE
ARROZ-DOCE	JENIPAPO
CUSCUZ	CURAL
BOLO DE MILHO	MAÇÃ DO AMOR
MILHO	COCADA
DOCE DE LEITE	PAÇOCA
PÉ DE MOLEQUE	

Pedir que os educandos escrevam algumas palavras com o alfabeto móvel.

Fazer o levantamento com os educandos sobre o que podemos encontrar em uma receita.

Exemplo:

NOME DO PRATO – INGREDIENTES – MODO DE FAZER – RENDIMENTO

RECEITAS

Desenvolver uma sequência de aulas, envolvendo o levantamento das receitas preferidas dos educandos, ingredientes, modo de preparo e lugar de origem, pode favorecer o trabalho com escrita mediante a inserção das atividades em práticas significativas, porque será realizada a partir dos saberes dos educandos.

VOCÊ CONHECE ALGUMA RECEITA DE MEMÓRIA?

ESCREVA:

Com os educandos que não sabem escrever o educador escreverá na lousa a receita escolhida e ditada por eles. (Será um momento de bastante discussão, pois existem várias formas de fazer determinada receita. Os ingredientes variam de região para região, de família para família e até dos ingredientes que temos em casa.)

COMIDAS TÍPICAS DO MÊS DE JUNHO

BOLO DE FUBÁ

INGREDIENTES:
4 OVOS
2 XÍCARAS (CHÁ) DE AÇÚCAR
1 XÍCARA (CHÁ) DE ÓLEO
1 XÍCARA (CHÁ) DE FARINHA DE TRIGO
1 XÍCARA (CHÁ) DE FUBÁ
1 XÍCARA (CHÁ) DE LEITE QUENTE
1 COLHER (SOPA) DE FERMENTO EM PÓ

MODO DE FAZER:
NA BATEDEIRA, BATA OS OVOS, O AÇÚCAR E O ÓLEO ATÉ FICAR CREMOSO. ACRESCENTE A FARINHA DE TRIGO, O FUBÁ E O LEITE QUENTE. BATA ATÉ OBTER UMA MASSA HOMOGÊNEA.

MISTURE O FERMENTO EM PÓ E DESPEJE EM UMA FORMA DE BURACO NO MEIO PREVIAMENTE UNTADA E ENFARINHADA.

LEVE PARA ASSAR EM FORNO PRÉ-AQUECIDO ATÉ QUE, ENFIANDO UM PALITO, ELE SAIA LIMPO (CERCA DE 30 MINUTOS). AGUARDE ESFRIAR ANTES DE DESENFORMAR E SERVIR.

DICA: SE DESEJAR MISTURE UM POUCO DE ERVA-DOCE À MASSA.

Entregar a receita para os educandos e apresentar uma cópia na lousa ou papel craft.

Perguntar para os educandos de que receita se trata.

Fazer a leitura em voz alta para os educandos.

Perguntar para os educandos se conhecem uma receita diferente de bolo de fubá, que outras variações existem para esta receita.

1. FAÇA UMA LISTA EM SEU CADERNO COM OS INGREDIENTES UTILIZADOS NA RECEITA DE BOLO DE FUBÁ.

LISTA
OVOS
AÇÚCAR
ÓLEO
FARINHA DE TRIGO
FUBÁ
FERMENTO

Receitas são textos muito conhecidos pelos educandos, já que mesmo aqueles que não cozinham de uma forma ou de outra têm um prato preferido e sabem os ingredientes envolvidos na receita desse prato.

Além de trabalharmos com a escrita da Receita, ela também favorece o trabalho com a Alfabetização Matemática, já que envolve números desde sua composição até o cálculo de valores monetários para aquisição dos ingredientes. Neste sentido, apresentaremos algumas possibilidades de trabalhos com cálculos, sempre lembrando que o jovem e o adulto não alfabetizado realizam com maestria cálculos diferenciados mentalmente, apresentando dificuldade em registrá-los.

OFERTAS

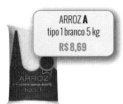
ARROZ **A**
tipo 1 branco 5 kg
R$ 8,69

ARROZ **B**
tipo 1 branco 5 kg
R$ 9,48

CANJICA BRANCA
500 g
R$ 1,54

QUEIJO PARMESÃO
RALADO 90 g
R$ 2,54

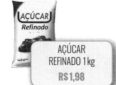
AÇÚCAR
REFINADO 1 kg
R$ 1,98

FARINHA DE TRIGO
1 kg
R$ 1,99

FUBÁ DE MILHO
500 g
R$ 2,09

OVOS TIPO GRANDE
c/ 12 unidades
R$ 3,59

MARGARINA
500 g
R$ 2,58

ÓLEO DE SOJA
900 ml
R$ 2,29

CREME DE LEITE
300 g
R$ 1,88

LEITE DE COCO
200 ml
R$ 2,69

LEITE CONDENSADO
395 g
R$ 2,34

LEITE LONGA VIDA
1 l
R$ 2,85

MILHO VERDE
200 ml
R$ 1,92

MANDIOCA
A GRANEL
R$ 1,22 (kg)

FERMENTO EM PÓ
100 g
R$ 1,89

ERVA DOCE
22 g
R$ 3,95

CANELA DA CHINA
EM CASCA 20 g
R$ 1,75

CANELA DA CHINA
EM PÓ 50 g
R$ 2,55

AMENDOIM TORRADO
500 g
R$ 6,89

UTILIZANDO A LISTA DE INGREDIENTES DO BOLO DE FUBÁ E O FOLHETO COM VALORES DE ALGUNS PRODUTOS, FAÇA O CÁLCULO DE QUANTO VOCÊ GASTARÁ PARA FAZER ESTE BOLO.

INGREDIENTES	VALORES

Essa atividade tem como objetivo colocar o educando em uma situação de pesquisa de preços. Ele utilizará estratégias para localizar novamente os ingredientes na receita e registrar na tabela. Logo em seguida, pesquisará em um folheto hipotético os ingredientes e seus valores, registrará na tabela e, com a ajuda do educador, realizará os cálculos.

O educador deverá estimular o educando a realizar o cálculo do jeito que costuma fazer. Em seguida, deverá pedir que ele explique como realizou o cálculo. Neste momento, o educador terá a possibilidade de conhecer quais estratégias seus educandos utilizam (exemplo: aproximação/arredondamento) e apresentará outras formas de resolver o cálculo.

TODA RECEITA TEM UM CONJUNTO DE INGREDIENTES E UM MODO DE FAZER. COM OS INGREDIENTES ABAIXO, MONTE A RECEITA E DESCUBRA QUAL É O PRATO:

INGREDIENTES:

MODO DE FAZER:

OUTRAS RECEITAS

ARROZ-DOCE

INGREDIENTES:

2 XÍCARAS (CHÁ) DE ARROZ LAVADO
4 XÍCARAS (CHÁ) DE ÁGUA FRIA
2 LITROS DE LEITE
2 LATAS DE LEITE CONDENSADO
PAUS DE CANELA A GOSTO
CANELA EM PÓ PARA POLVILHAR (OPCIONAL)

MODO DE FAZER:

EM UMA PANELA ALTA, COLOQUE O ARROZ E A ÁGUA. LEVE AO FOGO ATÉ INICIAR FERVURA. ENTÃO, ABAIXE A CHAMA E DEIXE COZINHAR POR CERCA DE 20 MINUTOS OU ATÉ O ARROZ AMACIAR, SEM SECAR (SE NECESSÁRIO ADICIONE UM POUCO MAIS DE ÁGUA).

ENTÃO, ACRESCENTE 1 LITRO DE LEITE, 1 LATA DE LEITE CONDENSADO E A CANELA. MISTURE BEM, MANTENHA O FOGO BAIXO, MEXENDO DE VEZ EM QUANDO PARA A MISTURA NÃO GRUDAR NO FUNDO E NÃO DERRAMAR.

DEPOIS, VÁ ADICIONANDO O LEITE E O LEITE CONDENSADO RESTANTES, AOS POUCOS E MEXENDO SEMPRE CONFORME FOR SECANDO (RESERVE 1 XÍCARA (CHÁ) DE LEITE). QUANDO ESTIVER BEM CREMOSO (CERCA DE 1h30), RETIRE DO FOGO E MISTURE O LEITE RESERVADO. AGUARDE ESFRIAR E, SE DESEJAR, SIRVA POLVILHADO COM CANELA EM PÓ.

QUANTO VOU GASTAR PARA FAZER ESTA RECEITA?

Nesta atividade o educando utilizará o folheto de mercado e será mais um momento para valorizar as estratégias utilizadas pelos educandos e apresentar outras formas de registro e realização dos cálculos.

PAMONHA

DIFICULDADE: **FÁCIL**
TEMPO DE **PREPARO**: **1 HORA**

INGREDIENTES:
12 (DOZE) ESPIGAS DE MILHO-VERDE
1 (UM) COPO DE ÁGUA
2 (DUAS) XÍCARAS DE AÇÚCAR
1 (UMA) XÍCARA DE COCO RALADO FINO
1 (UMA) PITADA DE SAL
PALHAS PARA A EMBALAGEM

MODO DE PREPARO:
RALE AS ESPIGAS OU CORTE-AS RENTE AO SABUGO E PASSE NO LIQUIDIFICADOR, JUNTAMENTE COM A ÁGUA.

ACRESCENTE O COCO, O AÇÚCAR E MEXA BEM.

COLOQUE A **MASSA** NA PALHA DE MILHO E AMARRE BEM.

EM UMA PANELA GRANDE FERVA BEM A ÁGUA, E VÁ COLOCANDO AS PAMONHAS UMA A UMA APÓS A FERVURA COMPLETA DA ÁGUA.

IMPORTANTE: A ÁGUA DEVE ESTAR REALMENTE FERVENDO PARA RECEBER AS PAMONHAS, CASO CONTRÁRIO ELAS VÃO SE DESFAZER.

COZINHE POR MAIS OU MENOS 40 MINUTOS, RETIRANDO AS PAMONHAS COM O AUXÍLIO DE UMA ESCUMADEIRA.

DEIXE ESFRIAR EM LOCAL BEM FRESCO.

SIRVA COM CAFÉ E QUEIJO RALADO.

<HTTP://WWW.RECEITASDECOMIDAS.COM.BR/PAMONHA.HTML>

> As atividades a seguir apresentarão situações nas quais os educandos deverão ler, interpretar e realizar os cálculos necessários para resolução das questões. Chamamos as atividades abaixo de situações-problema.

1. SE COM 12 ESPIGAS DE MILHO-VERDE FAÇO 1 RECEITA DE PAMONHA, QUANTAS RECEITAS FAREI UTILIZANDO 48 ESPIGAS?
2. CADA XÍCARA DE AÇÚCAR CONTÉM 200 GRAMAS. UTILIZAREI DUAS XÍCARAS DE AÇÚCAR PARA FAZER UMA RECEITA DE PAMONHA.

   A – SE ABRIR UM PACOTE DE AÇÚCAR DE 1 QUILO PARA FAZER A RECEITA, QUANTO AÇÚCAR FICARÁ NO PACOTE?
   B – E SE TIRAR TRÊS XÍCARAS?
   C – QUAL É O PESO DE QUATRO XÍCARAS DE AÇÚCAR?

3. UM GRUPO DE AMIGAS RESOLVEU FAZER UMA RECEITA DE PAMONHA. MARIA, ANA E SILVA FORAM PARA A COZINHA. JUDITE, OUTRA AMIGA DO GRUPO, SÓ CHEGOU QUANDO AS PAMONHAS ESTAVAM PRONTAS.
   A RECEITA QUE FIZERAM RENDEU 16 PAMONHAS PEQUENAS.
   DURANTE O CAFÉ DA TARDE, AS AMIGAS COMERAM 6 PAMONHAS, E AS DEMAIS PAMONHAS FORAM DIVIDIDAS ENTRE ELAS.

   A) QUANTAS PAMONHAS CADA UMA FICARÁ?
   B) O QUE FAZER COM AS PAMONHAS QUE SOBRARAM?

> As atividades deverão ser subsidiadas pela receita de pamonha que é o texto base. O educador apresentará as situações problemas em diferentes momentos. o educador deverá explorar o potencial da atividade, já que envolve diferentes operações (adição, subtração, divisão, multiplicação) matemáticas.

DONA CIDA FARÁ 3 RECEITAS DE PAMONHA. PORÉM, NÃO FARÁ O COZIMENTO DESTAS RECEITAS NO MESMO MOMENTO.

1ª RECEITA INICIOU O COZIMENTO ÀS 15 H;
2ª RECEITA INICIOU 20 MINUTOS APÓS A PRIMEIRA;
3ª RECEITA SÓ TEVE INÍCIO QUANDO A SEGUNDA RECEITA ESTAVA PRONTA.

ASSIM, PREENCHA O QUADRO ABAIXO:

RECEITA	INÍCIO DO COZIMENTO	TÉRMINO DO COZIMENTO
1ª RECEITA	15 H	
2ª RECEITA		
3ª RECEITA		

AGORA PREENCHA OS RELÓGIOS COM AS INFORMAÇÕES OBTIDAS NO QUADRO:

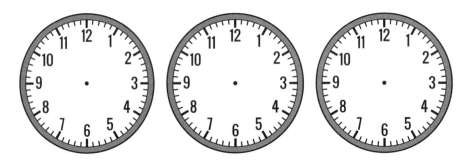

PREENCHA A TABELA COMO NO EXEMPLO DESTACADO

12	DOZE	ESPIGAS DE MILHO
1		PITADA DE SAL
	UM	COPO DE ÁGUA
2		XÍCARAS DE AÇÚCAR
	UMA	XÍCARA DE COCO RALADO
5		QUILOS DE FARINHA DE TRIGO
	NOVE	COLHERES DE AMIDO DE MILHO
4		OVOS
	DEZ	BANANAS PICADAS
8		COLHERES DE AÇÚCAR

A atividade acima apresenta possibilidade de trabalhar a escrita numérica e por extenso. Os educandos utilizaram a escrita por extenso dos números em preenchimentos de cheques, atas...

CANJICA

INGREDIENTES:

½ KG DE MILHO PARA CANJICA
1 LITRO DE ÁGUA
1 LITRO DE LEITE
1 XÍCARA (CHÁ) DE AÇÚCAR
1 LATA DE LEITE CONDENSADO
100 G DE AMENDOIM TORRADO E TRITURADO

MODO DE FAZER:

LAVE BEM O MILHO PARA CANJICA E COLOQUE-O EM UMA PANELA DE PRESSÃO. ADICIONE A ÁGUA E LEVE AO FOGO POR CERCA DE 50 MINUTOS APÓS FERVER.

ELIMINE COMPLETAMENTE A PRESSÃO ANTES DE ABRIR A PANELA E ADICIONE O LEITE, O AÇÚCAR E O LEITE CONDENSADO. MISTURE BEM E DEVOLVA AO FOGO, SEM TAMPAR, POR MAIS 20 MINUTOS.

JUNTE O AMENDOIM, MISTURE DELICADAMENTE E AGUARDE ESFRIAR ANTES DE SERVIR.

LISTA COM OS INGREDIENTES

CANJICA
ÁGUA
LEITE
AÇÚCAR
LEITE CONDENSADO
AMENDOIM

QUERO FAZER DUAS RECEITAS DE CANJICA, QUANTOS INGREDIENTES VOU USAR E QUANTO DINHEIRO VOU GASTAR?

PRECISO COMPRAR:

2 MISTURAS PARA BOLO
3 GARRAFAS DE LEITE DE COCO
1 AMENDOIM

QUANTO VOU GASTAR PARA COMPRAR OS PRODUTOS ACIMA?

TENHO R$ 20,00, QUANTO VAI SOBRAR?

LEIA A OFERTA ABAIXO:

QUAL É A MELHOR ESCOLHA?

( ) PAGAR DOIS PACOTES A R$ 1,39 CADA E LEVAR O TERCEIRO GRÁTIS

( ) COMPRAR 3 PACOTES POR R$ 0,93 CADA.

( ) LEVAR UM PACOTE NO VALOR DE R$ 1,39.

POR QUÊ?

Sequência de atividades: Tempo

A SEMANA INTEIRA

A SEGUNDA FOI À FEIRA,
PRECISAVA DE FEIJÃO;
A TERÇA FOI À FEIRA,
PRA COMPRAR UM PIMENTÃO;
A QUARTA FOI À FEIRA,
PRA BUSCAR QUIABO E PÃO;
A QUINTA FOI À FEIRA,
POIS GOSTAVA DE AGRIÃO;
A SEXTA FOI À FEIRA, TEM BANANA? TEM MAMÃO?
SÁBADO NÃO TEM FEIRA
E DOMINGO TAMBÉM NÃO.

SÉRGIO CAPPARELLI
Retirado do *site*: <http://www.ciberpoesia.com.br/zoom/zoom.swf>. Acesso em: 13 out. 2009.

EXPLORAÇÃO TEXTUAL:

QUE DIAS TEM FEIRA EM SEU BAIRRO?
QUAIS SÃO OS ALIMENTOS LISTADOS NA POESIA?
QUAL É O PRIMEIRO DIA DA SEMANA?
QUAIS SÃO OS DIAS DA SEMANA?
QUAIS SÃO OS DIAS DO MÊS?
EM QUE DIA COMEÇA A SEMANA?
EM QUE DIA COMEÇA ESTE MÊS?
VOCÊ VAI A FEIRA QUANTAS VEZES POR SEMANA?

FAÇA AQUI UMA LISTA DO QUE COSTUMA COMPRAR NA FEIRA:

PESQUISE OS VALORES DOS PRODUTOS ACIMA E PREENCHA A TABELA ABAIXO:

PRODUTOS	VALOR

QUANTO VOCÊ VAI GASTAR PARA FAZER ESTA COMPRA?

Atividade de Análise e Reflexão da Escrita

PALAVRAS	COMEÇA COM A LETRA?	TERMINA COM A LETRA?	QUANTAS LETRAS TEM?
AGRIÃO			
PIMENTÃO			
QUIABO			
MAMÃO			
PÃO			
BANANA			

COLOQUE AS PALAVRAS ACIMA EM ORDEM ALFABÉTICA:

PREENCHA AS LACUNAS COM OS DIAS DA SEMANA:

A SEMANA INTEIRA

A _____ FOI À FEIRA, PRECISAVA DE FEIJÃO;
A _____ FOI À FEIRA, PRA COMPRAR UM PIMENTÃO;
A _____ FOI À FEIRA, PRA BUSCAR QUIABO E PÃO;
A _____ FOI À FEIRA, POIS GOSTAVA DE AGRIÃO;
A _____ FOI À FEIRA,TEM BANANA? TEM MAMÃO?
_____ NÃO TEM FEIRA
E _____ TAMBÉM NÃO.

SÉRGIO CAPPARELLI

CALENDÁRIO

O uso de calendário com os dias da semana e meses do ano possibilitará ao educando fazer o preenchimento de uma tabela e interpretar as siglas nele contidas. Facilitará a correspondência entre os meses e a ordem numérica, entre outras possibilidades.

Você pode preencher o calendário com:
- Os aniversariantes do mês;
- Os feriados e a história deles, finais de semana, ano, férias;
- Os dias de pagamento;
- Pesquisas de como é utilizado o calendário rural.

2013

OUTUBRO						
D	**S**	**T**	**Q**	**Q**	**S**	**S**
		1	2	3	4	5
6	7	8	9	10	11	12
13	14	15	16	17	18	19
20	21	22	23	24	25	26
27	28	29	30	31		

AS LETRAS ABAIXO REPRESENTAM QUAIS DIAS DA SEMANA?

D	
S	
T	
Q	
Q	
S	
S	

1. QUANTOS DIAS TÊM O MÊS DE OUTUBRO?
2. EM QUAL DIA DA SEMANA INICIOU O MÊS DE OUTUBRO?
3. EM QUAL DIA DA SEMANA TERMINARÁ O MÊS DE OUTUBRO?
4. REGISTRE AQUI OS DIAS DO MÊS QUE CAÍRAM NO DOMINGO.
5. LISTE ABAIXO OS MESES DO ANO E SUA POSIÇÃO NUMÉRICA.

QUAL É O DÉCIMO MÊS DO ANO?
E O QUINTO MÊS DO ANO?
EM QUE DIA, MÊS E ANO VOCÊ FAZ ANIVERSÁRIO?

FAÇA UMA LISTA COM OS NOMES E DATAS DE ANIVERSÁRIO DAS PESSOAS DE SUA FAMÍLIA:

NOME	DATA DE ANIVERSÁRIO

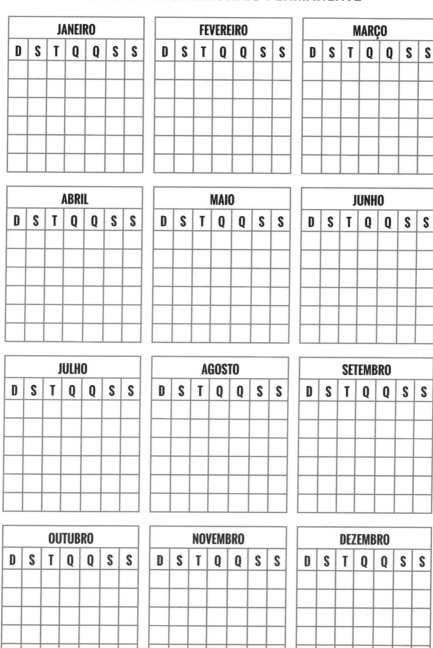

BIBLIOGRAFIA

ASSARÉ, Patativa do. *Cante lá que eu canto cá*. 14. ed. Petrópolis: Vozes, 2003.

BARRETO, Vera (Org.). *Historiando*: livro do educador. São Paulo: Vereda, 1995.

_____. *Paulo Freire para educadores*. São Paulo: Arte & Ciência, 1998.

_____. (Org.). *Poetizando*: livro do educador. São Paulo: Vereda, 1999.

FERREIRO, Emilia; TEBEROSKY, Ana. *Psicogênese da língua escrita*. Porto Alegre: Artmed, 1986.

FREIRE, Eunice; AMORIM, Hélio. *Diretrizes*: alfabetização e escolarização de jovens e adultos. São Paulo: IBEAC, 2000.

_____; AMORIM, Hélio. *Alfabetização e escolarização de jovens e adultos no estado de São Paulo*: experiência e aprendizado. São Paulo: IBEAC, 2001.

_____; BERTINI, Arlete Weffort (Orgs.). *Cantando e versejando na alfabetização de jovens e adultos*. São Paulo: IBEAC, 2008.

FREIRE, Paulo. *A importância do ato de ler*: em três artigos que se completam. São Paulo: Cortez, 1984.

FREIRE, Paulo. *Pedagogia da autonomia*: saberes necessários à prática educativa. São Paulo: Paz e Terra, 1996.

_____; NOGUEIRA, Adriano. *Que fazer? Teoria e prática em educação popular*. Petrópolis: Vozes, 2005.

FURLANETTI, Maria Peregrina de Fátima Rotta. *Compartilhando experiências*: dialogando com a prática da alfabetização. São Paulo: Canal 6 Editora, 2009.

GADOTTI, Moacir; ROMÃO, José E. *Educação de jovens e adultos*: teoria, prática e proposta. São Paulo: Cortez, 2010.

MONTEIRO, Ana Nicolaça. *Educadores de jovens e adultos*: refletindo práticas pedagógicas em sala de aula. São Paulo: IBEAC, 2007.

OLIVEIRA, Marta Kohl. Jovens e adultos como sujeitos de conhecimento e aprendizagem. *Revista Brasileira de Educação*, n. 12, p. 59-73, set./dez. 1999.

ROCHA, Raquel da Silva; SOUZA, Solange Gois de. *IBEAC Planeja*: educadores. São Paulo, IBEAC, 2010.

_____; SOUZA, Solange Gois de. *IBEAC Planeja, 2*: educandos. Caderno de Atividades. São Paulo, IBEAC, 2011.

SANTOS, A. R.; MAFFEI, C.; GOIS, S. (Coords.). *IBEAC Planeja*: educandos. Caderno de Atividades. São Paulo: IBEAC, 2009.

_____; MONTEIRO, A. N.; BERTINI, A. W. *A arte dos números*: operacionalizando conceitos matemáticos em EJA. São Paulo: IBEAC, 2006.

VÓVIO, Claudia Lemos; MANSUTTI, Maria Amábile. *Viver, aprender*: alfabetização — livro do professor: alfabetização de jovens e adultos. 2. ed. São Paulo: Global, 2007. (Col. Viver, Aprender.)

SITES:

<http://www.ibeac.org.br>

<http://www.acaoeducativa.org/>

<http://www.capparelli.com.br/>

<http://www.paulofreire.org/>

<http://revistaescola.abril.com.br/>

Os sites são sugestões para fontes de pesquisas

<http://portal.mec.gov.br/secad/arquivos/pdf/eja/propostacurricular/primeirosegmento/propostacurricular.pdf>